暮らしに役立つ
洗濯、収納、
掃除、炊事、
子育て、介護の
アイデア帖

X-Knowledge

最高の「おうち時間」をつくる術は暮らしのプロが知っている

新型コロナウイルス感染症の世界的な感染拡大により、私たちの生活は大きく変わることを余儀なくされました。そのなかで見直されたもののひとつが、「おうち時間」です。オンオフ問わず家で過ごす時間が増えた今、快適で心地よい住まいをつくることは、そのまま人生の豊かさに直結します。

しかも、家は大きな買い物です。ライフスタイルや家庭を取り巻く環境の変化とともに最適な住環境は移り変わるもの。将来の子どもの自立、年を取った親との同居や介護など、将来起こりうるあらゆる問題を予測し、解決の手立てをもっておくことが必要です。

住宅の新築やリフォームを思い立ったとき、必要となる情報（価格、耐震性能、省エネ性能、日射や通風の条件など）を、今では誰もが簡単に手に入れられるようになりました。構造、照明、植栽など個々の専門事項は、その道のプロに相談することもできます。しかし、総合的に「どうしたら今よりもよい暮らしを実現できるか」は誰に相談すればよいのでしょうか――。

そこで本書では、傑出した専門性をもつ第三者、すなわち「暮らしのプロ」たちにアドバイスをもらうことにしました。「洗濯が楽しくなる」「収納や掃除が簡単になる」「料理上手になれる」「子どもの自立や高齢者介護ではこのポイントを押さえて考える」など、「よりよい暮らし方」のコツを、洗濯専門家やライフオーガナイザー、料理家、理学療法士など、各分野の専門家に提案してもらっています。

これから家を新築予定の方だけでなく、今の住まいをよりよくしたいという方にとっても役立つ情報を盛り込みました。各章の扉頁のチェックリストでこれまでの暮らし方を振り返ることで、「自分や家族はどうしたいのか」が見えてきます。できるアイデアから取り入れて、「おうち時間」を充実させましょう！

contents

第1章 整う住まいのつくり方

第2章 心も身体も健やかに暮らす

第3章 暮らしの変化や〝もしも〟に備える

本書は『建築知識』2018年6月号を加筆・再編集したものです。

装丁・本文デザイン　野本奈保子（ノモグラム）
本文組版・DTP　石井恵里菜
4コマ漫画　大坪ゆり／二階堂ちはる／えのきのこ／渡部麻由美
本文イラスト　さいとうあずみ／志田華織／田上千晶／長岡伸行／中川展代／長谷川智大
濱本大樹／福田玲子／堀野千恵子／ミヤタチカ／ヤマサキミノリ
印刷　シナノ書籍印刷

第1章 整う住まいのつくり方

住まいを清潔で整った状態に保つことは、快適な「おうち時間」を叶える最低条件です。無理なく続く、ワンランク上の洗濯・収納・掃除のコツを押さえましょう。今日からあなたも家事上級者です！

「どうしたい?」が見える
チェックリスト

洗濯・収納・掃除 編

check

- □ 洗濯はいつ・どこに干している?

→ P. 10 ~ 13

- □ 洗う→干す→たたむ→しまうの動線はスムーズ?

→ P. 14 ~ 17

- □ 収納は見せる派?　隠したい派?

→ P. 18 ~ 29

- □ クローゼットや押し入れは使いやすい状態?

→ P. 30 ~ 41

- □ 掃除に苦手意識はある?

→ P. 42 ~ 47

- □ 汚れやすい場所を把握している?

→ P. 48 ~ 63

洗濯のプロ直伝！

服の動線を意識した快適洗濯術

洗濯物について多い悩みといえば「におい」。汚れや雑菌が残ってしまうことが原因ですが、適切な衣料の量と水量・洗剤の規定量を守り、きちんとすすぐという基本を徹底すれば、嫌なにおいは防げます。また、干す環境も重要です。直射日光が当たらず、花粉やほこりなどの外の汚れが付かない場所が理想的。これを実現しやすいのが、室内干しです。洗い方と干し方を見直せば、一度の洗濯で効率的に汚れを落とすことができ、洋服を長もちさせることにもつながります。

サンルームの正しい使い方？

サンルームがあると花粉も気にせず洗濯物が干せるなあ〜
ふぅ〜っ
終わったー！
汗かいたから天気もいいし自分も干しておくか！

（監修：中村祐一）

rule 1

洗濯物は3つに仕分けする

効果的な洗濯をするには、洗濯物が十分に水に浸ることが大切。1回に洗う洗濯物は、洗濯機の半分～八分目にしましょう。また、衣類の素材や色などに応じて3つに仕分けし、洗い方を変えることで、効果的に汚れが落ち、衣類の傷みも予防できます。

洗濯物の仕分け方と洗い方

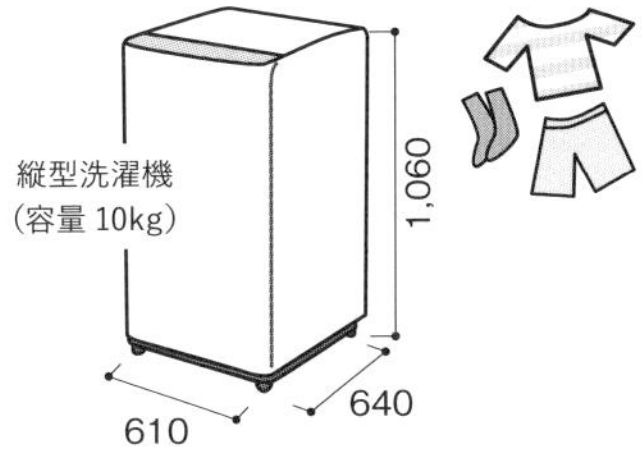
縦型洗濯機
（容量 10kg）
1,060
610
640

洗濯かごを3つ用意する

洗い方別に洗濯物を3つに仕分けできるように[右表]、洗濯かごは3つ用意し、それを置けるだけのスペースを確保しよう。毎日3回洗う必要はなく、それぞれのかごがたまったら、洗う

洗い方	ハード	ミディアム	ソフト
素材	綿・麻・合成繊維		主にウール
色	白物	色物	白物・色物
洗剤	粉末洗剤	液体洗剤	おしゃれ着用洗剤
洗濯機のコース	標準・おまかせなど		ソフト・手洗い・ドライ・おうちクリーニングなど
基本の水温	40℃	常温	

ハード、ミディアムで洗えるものは洗濯表示が「桶のマーク」または「下線なし or 1本の桶マーク」。ソフトは「下線2本の桶マーク」または「手洗いマーク」。洗剤は洗濯機の規定量を守る

洗濯機の種類とサイズ

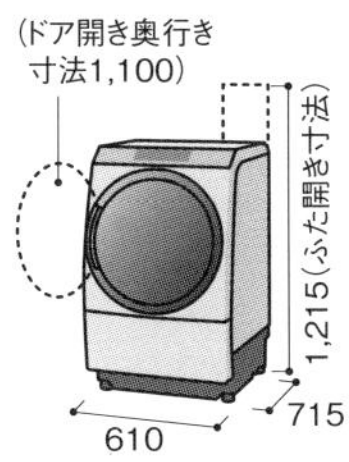
（ドア開き奥行き
寸法1,100）
1,215（ふた開き寸法）
610
715

収納棚

省スペースなのは上に収納棚を設置できるドラム式

ドラム式洗濯機は、ドラムを回転させて衣類を落下させ、たたきつけることで汚れを落とす。水の使用量が少なく、乾燥を含む工程をこれ1つで済ませられるのがメリット

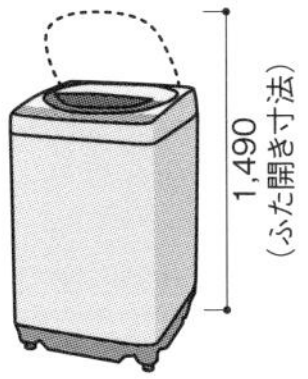
1,490
（ふた開き寸法）

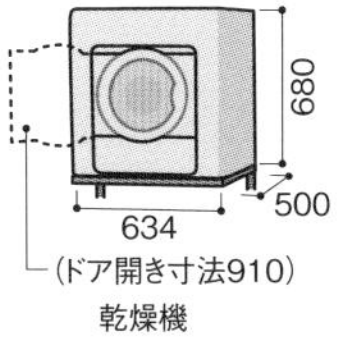
680
634
500
（ドア開き寸法910）
乾燥機

水量を調節しやすいのは縦型洗濯機

縦型洗濯機は洗濯量に応じて水量を調節しやすい。縦型洗濯機の上部には乾燥機を設置するのがベスト。乾燥機にはシワ軽減効果もあるので、毛布などの乾きにくいものを乾燥させるためだけでなく、シャツなども一度20分程乾燥機にかけてから、干すとよい

rule 2

衣類を長もちさせるには室内干しが◎

洗濯物を干す環境は、服の寿命を左右します。直射日光や排気ガスは洗濯物への負荷が大きいので、服を長もちさせたいなら、室内干しがお勧め。室内干しでは空気の流れをつくることが重要です。また、室内の湿度が上がりやすいので、新築の場合は壁の仕上げを珪藻土にするなど、調湿効果のある素材を選ぶのがベスト。

○ 室内干しのポイント

湿度と温度の変化が小さい場所が◎

断熱性能が高い家は、天候による湿度と温度の大きな変動がないため、室内干しに最適な環境

空気の流れをつくれば日光は不要

温度・湿度を一定に保つだけでなく、空気の流れがあることも重要。扇風機・サーキュレーターや換気扇などを用いて、空気を動かす工夫をしよう。洗濯物は日に当てないと乾かないというのは間違いで、風を十分に当てれば乾く

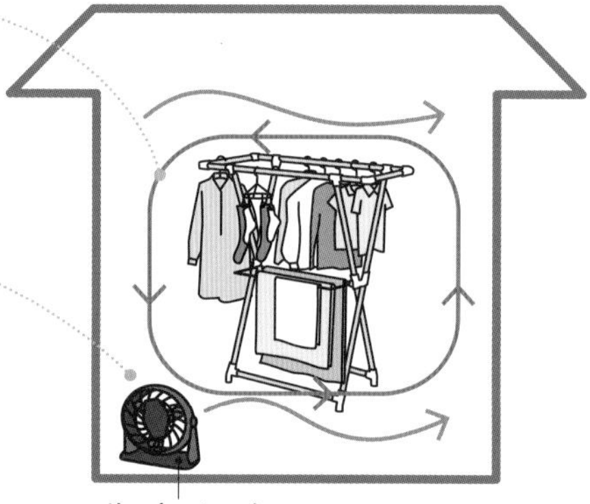

○ 洋服を傷めない干し方

ハンガーの複数使いで厚手ニットの型崩れを防止

「流動する空気に洗濯物が接する面積」をより広く確保するのもポイント。厚手のニットはハンガーを複数使い、身ごろと袖を別々にかけて干すことで、重みを分散。型崩れを防ぎながら均一に効率よく乾かせる

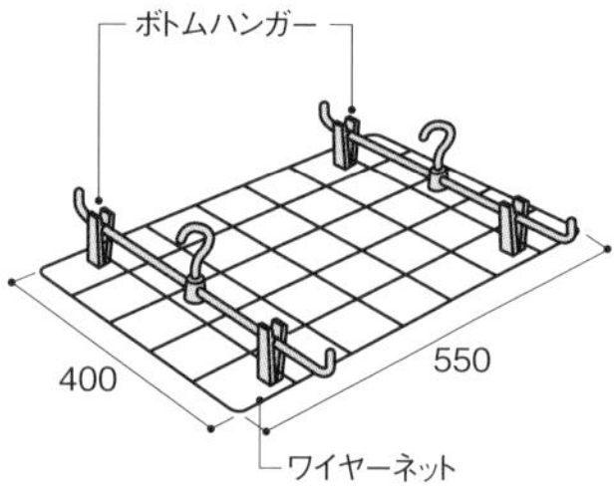

むらなく乾かしたいなら即席平干し台が◎

ハンガーの複数使いでも型崩れや乾き具合の差が気になるときは、平干し台を手づくりするのも手。ワイヤーネットの両端を、ボトムハンガーのピンチで挟めば完成。使用時だけ組み立てれば、収納場所にも困らない

rule 3

浴室も活用できる

浴室はもともと換気扇（もしくは浴室換気乾燥機）が設置されているので、空気の流れを確保できるうえ、来客時も洗濯物が気にならないので室内干し場として活用できます。浴室乾燥機が付いている場合でも、サーキュレーターを併用すれば、洗濯物の乾きが早くなります。ただし、一つひとつの洗濯物が動きのある空気に十分に触れられるよう、洗濯物と洗濯物の間は80㎜程度は必要です。一度に干す洗濯物の種類と量には注意しましょう。

干し方のポイント

長さや厚みの異なる洋服が隣になるように

厚手のものと薄手のもの、短いものと長いものなど、隣り合う洗濯物の形状や布質が異なるように干す。これにより、空気の滞留を防ぐ

突っ張り棒を追加する

1本の物干し竿に無理にたくさん洗濯物を干すと、乾くスピードが遅くなり、乾燥効率が悪い。浴室に設置された物干し竿が1本のみの場合、追加の突っ張り棒などを、元の物干し竿とは異なる高さに取り付けて干す

暮らしをワンランクアップ！

洗濯機の水栓は混合水栓を標準に

白物の衣類やタオルは黄ばみが気になる、という悩みも多く聞かれます。これを解決するために重要なのは、洗剤の種類でも洗濯機の機能でもなく、「お湯で洗うこと」。ハードの衣類［11頁表］は、40℃のお湯洗いを基本にしましょう。しかし、一般住宅の多くは、洗濯機の水栓から水しか出ないため、効果の高い洗濯ができていない現状があります。洗濯時にスムーズにお湯が使えるよう、新築時には混合水栓を取り付けるのがお勧めです。

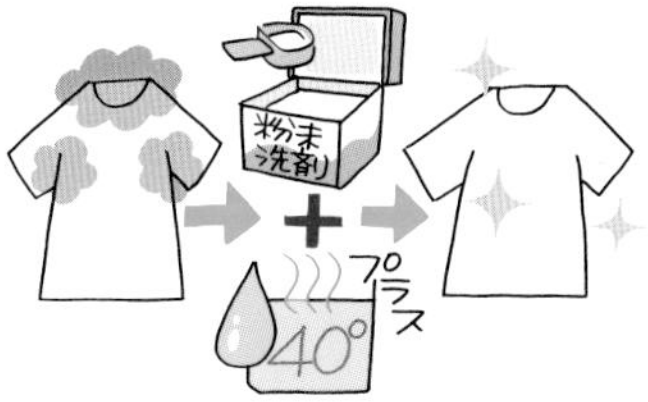

洗剤の量は、製品表示の規定を守る※1。規定量で十分だが、お湯を使えば、水洗いよりも格段に汚れ落ちがアップ

※1　一般的に液体洗剤よりも粉末洗剤のほうが皮脂やたんぱく質汚れに強い

洗濯のプロ直伝！

収納から保管の合理化で衣類長もち＆家事の時短

洗濯をはじめとする家事は、できることなら天候に左右されず、時刻の制約も受けず、常に「一定」の作業環境で行いたいもの。天候や時刻に左右されない室内干しは、乾いた服を収納・保管するまでの動線にも配慮しやすく、動線を「一定」に保つのにも有利です。動線が短くなれば、身体的にも精神的にも、家事の負担が軽減されます。また、クロゼットは部屋ごとに設けるよりも、1カ所に集約するほうが家事の流れが楽（効率的）になります。

プロの洗濯

僕は毎日洗濯することを習慣にしています！
なにか洗濯するうえでポイントってあるんですか？
洗濯表示に忠実に、洗剤も適量に、がポイントですね！
それだけ…？
基本が大事なんですよ！
あと…
洗剤は原料を調合することからやってますけどね
それは真似できない…
まあ大したことはやっていませんよ
ズラ〜ッ
やっぱりプロは違うわ…

rule 1

スタンド式のアイロン台で効果を最大限に

アイロンは、シワを伸ばすだけでなく、「形を復元する」のが本来の役割。服は着用と洗濯を繰り返すうち、襟口、ひじ、ひざなどの部分が伸びてきますが、アイロンをかければ本来の形に戻せます。立体的にアイロンをかけられるアイロン台を選びましょう。

○ スタンド式アイロン台のメリット

熱気や蒸気を逃がして シワ予防

卓上式アイロン台は、熱気や蒸気が服に籠りやすいのが難点。スタンド式は、熱気や蒸気が下から抜けるのでシワが残りにくく、素早くきれいにアイロンがけをしやすい

立体的に動かしながら アイロンをかける

スタンド式のアイロン台なら、首回りや袖口、肩廻りも立体的に動かしながらアイロンがけできる。また、アイロンがけすると殺菌できるので、におい予防にも◎

rule 2

洗う頻度によって収納場所を分ける

1回着ただけでは洗わないコートやジャケット類と、着るたびに洗濯する服は収納場所を分けるのがベストです。毎回洗わない衣類は、洗い時の見極めも大切。たとえばウールには復元力がありハンガーに掛けておけば自然としわがとれますが、シワがとれなくなってきたら、洗い時。ただし、消臭剤の使いすぎには要注意[※1]。

○ コートは玄関付近に収納する

コートは玄関付近に収納する

コートやジャケットは玄関近くに収納すると、着脱の動線がスムーズ。ただし、靴とコート類とでは、収納に必要な奥行きが異なり、同じ壁面に収納を設けると面がそろわない。対面にして収納を設けるなど、配置の工夫を

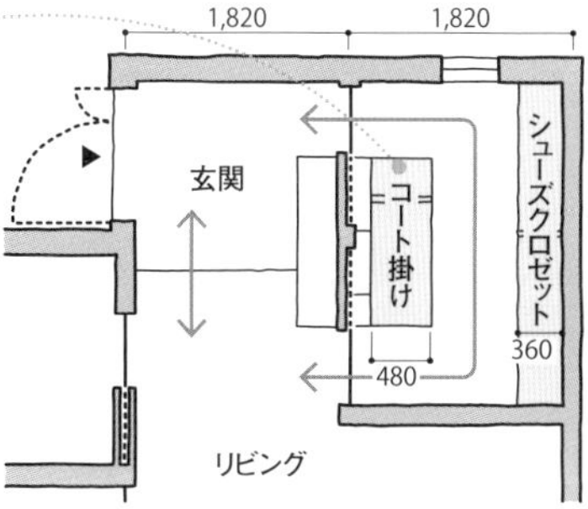

※1 消臭剤でにおいはとれるが、汚れは落ちない（抗菌効果はあるが皮脂などの汚れは残る）ので、使いすぎると服にストレスがかかる

rule 3

衣類を長もちさせるなら クロゼットは扉付きに

クロゼットの役割は、衣類に外のにおいがうつるのを防ぐことと、防虫剤の効果を最大限に発揮させること。そのためには、扉付きのクロゼットが効果的です。クロゼット内では衣類の素材に応じて、吊るすものと畳むものに分けましょう。吊るして収納するほうが楽ですが、衣類のことを考えると、畳んで小分け収納すべきもののほうが多くあります。伝統的な「桐たんす」がお手本になります。

○ 衣類が長もちするクロゼット

ハリのある素材は吊るし収納に

ハリのあるシャツなどは、型崩れを防ぐためにも吊るして収納するのが基本。さらに衣類カバーを掛けてほこりを防ぐ

柔らかい素材は畳んで収納

柔らかいニットなどは畳むのがよい。衣装ケースに収納すれば密閉されるので、防虫効果が高まる

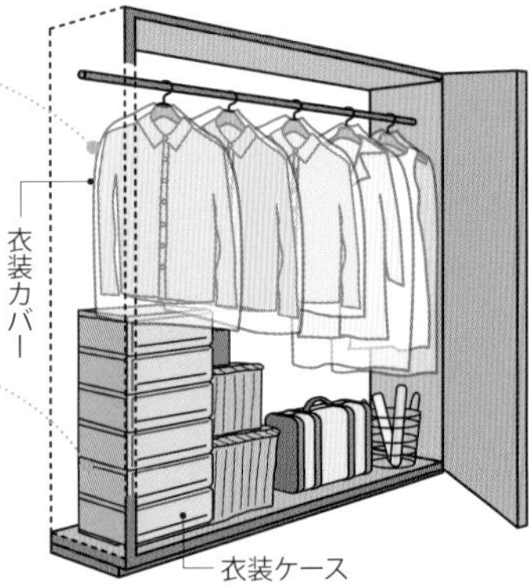

○ 畳む収納の理想は桐たんす

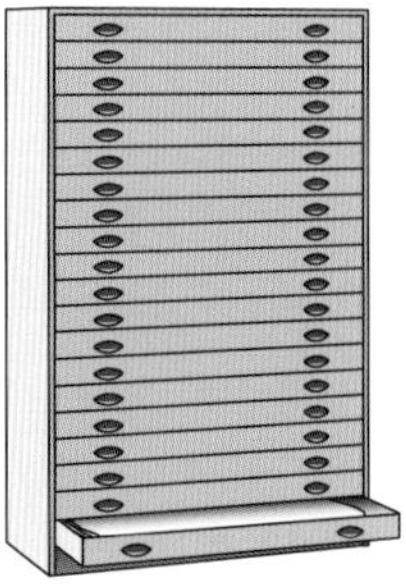

桐たんす

桐たんすはメリットたくさん

キリをはじめとする木材には、防虫効果や調湿効果が期待できる。桐たんすは、服を小分けに入れられる形状なので、服を重ねて収納することによる負担や、畳みシワも軽減できる

木製書類フォルダで桐たんすを代用

木製の書類フォルダを収納するケースに代用すれば、衣類を小分けに収納できるうえ、桐たんすに比べコストもサイズも抑えられる。扉付きのクロゼット内であれば、意匠を気にする必要もない。お薦めは「木製書類整理トレー A4・2段」（無印良品）。3台まで重ねて使用可能で、便利

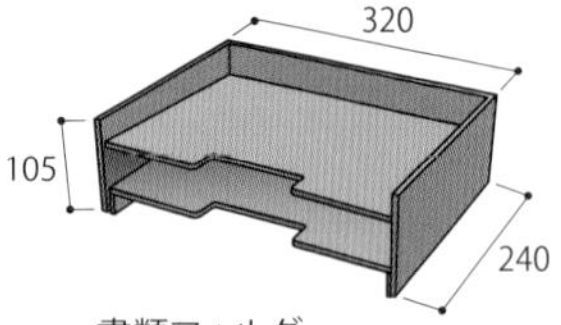

書類フォルダ

暮らしをワンランクアップ!

洗濯動線を徹底的に集約して効率化!

洗濯家である監修者の自宅で最も面積を割いているのが、洗濯機を5台設置したアトリエ。1階はアトリエを中心に、脱衣、乾燥、アイロン、収納のスペースを、最短の動線で結んで配置。効率的な間取りとしています。2階に配した寝室と天井にはU字のポールを設置。このポールがあることで、特に場所を設けなくても、室内で布団も干せます。

クロゼットは部屋ごとよりも1カ所に集約

衣類を収納するクロゼットは、各個室ではなく、洗面脱衣室の横に集約。洗濯の済んだ衣類は、アトリエと洗面脱衣室をつなぐ引出しから取り出し、すぐに収納できる

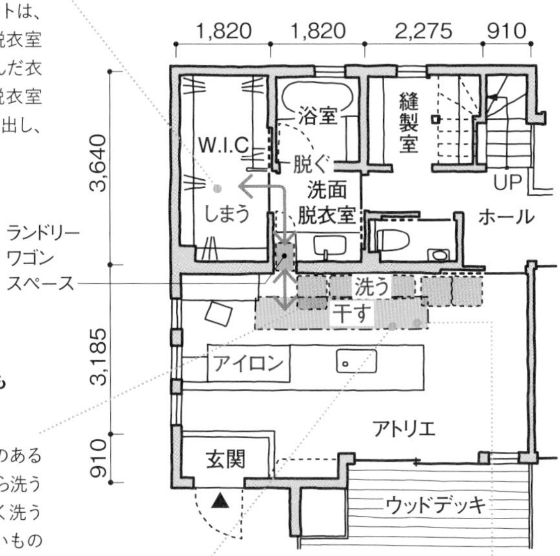

一緒に洗えない衣類も同時に洗濯可能

洗濯機は5台設置。色のある服と白い服、数回着てから洗う服や液体洗剤でやさしく洗う服など、一緒に洗えないものを分類したうえで、同時に洗濯できるので、効率的

生活動線を妨げない室内干しポール

アトリエや寝室の天井の一部には下地補強を施し、U字のポールを設置。人の移動を洗濯物が邪魔することなく、室内干しができる

オープン棚&かご遣いで洗濯前後の動線を最小限に

洗面脱衣室のオープン棚は、アトリエ側からも引き出せるしくみ。最下段に設置したかごは、洗濯物入れ。洗濯脱衣室から洗濯物を取り出して洗える。洗濯・乾燥・アイロンが完了した服は、棚上部の幅440×奥行き290× 高さ125㎜のかごに分けて入れ、洗面脱衣室からW.I.C.へ運ぶ

収納のプロ直伝！

家族の思考と行動からＬＤ収納を考える

来訪者の目に映る部屋が美しく片付けられていても、部屋の主が収納上手だとはかぎりません。なぜなら、人に部屋を見せる時は、きちんと片付けて迎えることが多いから。一見、部屋がきれいでも、モノの場所を把握できておらずいつも何かを探している人は、「片付けが苦手」といえる存在です。なぜ片付かないか、どんな空間なら落ち着けるかなど、思考の整理から始める「ライフオーガナイズ」の考え方に基づいて、リビング・ダイニングの収納スペースを考えましょう。

理想と現実

あっこの部屋きれー…
みんなおしゃれな部屋にしてるなー
もうこんな時間！設計者さんが来るんだった！
せっかくの新築うんっとおしゃれに設計してもらおうっと!!!
家のなかきれいですね～片付け上手なんですね！
いえいえ、そんなことないですよー
うふふ
普通ですよ
竣工１年後……
ちょーっと散らかってますけど…
来るなら連絡くださいよ～
もっと収納を準備しておけばよかった……

（監修：吉本とも子）

rule 1

家族が集まる場での行動を洗い出す

家族が集まり、くつろぐ場であるリビングやダイニング。それらの収納を考えるにあたって、まずは「そこでどんなことをするのか」「そこで過ごす時間帯と時間の長さ」を確認しましょう。さらに、その内容を①リラックス、②ルーティン、③コミュニケーションの3つに分類し、「どういうモノを使っているか」、そして「どこにどのくらいの収納が必要か」を考えていきます。その際、行動別に書き出し、その行動に必要なモノ（持っているモノ）を併記していくと収納スペースを割り出しやすくなります。

◯ リビング・ダイニングでの主な行動と必要なモノの例

リラックス

【リビング】
□本を読む（本・雑誌）
□新聞を読む（新聞）
□音楽を聴く（オーディオ機器、CD・レコード）
□テレビを見る（リモコン）
□軽い運動やストレッチ
□昼寝（クッション・ブランケット）
□趣味（お稽古グッズ）
□お茶やお菓子を飲む・食べる（ごみ箱・ティッシュ）
□ネット検索（タブレット、パソコン類）
□ペットと遊ぶ（おもちゃ、ペット用品）
□ DVD を見る（DVD、プレーヤー、リモコン）
□ゲームをする
□ぼーっとする

【ダイニング】
□カフェタイム（ごみ箱、ティッシュ、電気ケトル）
□基礎美容（道具一式）
□テレビを見る（リモコン）
□趣味のこと
□食事（カトラリー）

ルーティン

【リビング】
□洗濯物を畳む
□アイロンをかける（アイロン用具一式）
□家計簿をつける（領収書、文房具）
□子どもの勉強（文房具）
□着替え
□出かける用意（かばん、子どもの着替え、おむつセット）
□掃除（掃除道具一式）
□薬をのむ、傷の手当て（救急箱）
□化粧、爪切り、ネイルなど（メイク用品、爪切り、ネイル用品）
□仕事（書類、パソコン類、文房具）
□ネットで献立検索（パソコン類、タブレット）
□手紙や書類整理
□ペットの世話（ペット用品）

【ダイニング】
□化粧（道具一式）
□書類などのチェック（文房具）
□書き物（ペン、ノート）
□郵便物のチェック
□家計簿をつける
□子どもの勉強
□読書（本、雑誌）
□買い物準備・チェック（ペン、メモ）
□料理の下ごしらえ
□薬をのむ、傷の手当て（救急箱）
□パソコンを使う（パソコン類）
□携帯電話を使う（充電器）
□ペットの食事
□出かける用意（弁当箱や水筒）

コミュニケーション

【リビング】
□子どもと遊ぶ（おもちゃ、ゲーム類）
□電話する（携帯電話、固定電話）
□情報共有
□家族との会話
□来客との会話
□イベント（クリスマス、ひなまつり、お祝い事などの用意）

【ダイニング】
□子どもや家族との会話
□子どもと遊ぶ（おもちゃ、ゲーム類）
□来客との会話
□イベント（クリスマス、ひなまつり、お祝い事などの用意）

rule 2

使う頻度で区別してすぐに取り出せるように

リビングでは、視界に入ってもストレスを感じないモノや、すぐ手に取れないと困るモノだけ残して、それ以外のモノには収納を用意しましょう。使用頻度の高いモノは遠くまで取りに行かずに済むよう、使う場所の近くに収納場所を確保するのが鉄則。また、使用頻度の低いモノは、リビング付近に収納をつくるのが◎。

リビング収納は事前のスペース確保が肝心

使う場所の近くに収納する

リモコン類や文房具など、ほぼ毎日使うものはそれらを使う場所の近くに定位置収納する。月に数回程度必要な爪切りなどの細々した日用品や裁縫道具なども、使う場所の近くに収納する

押し入れや納戸（リビング収納）があると◎

リビング近くの和室は、おもちゃの一時置き場など多目的に使われることが多い。押入れとは別に２～３畳の収納スペースがあると便利。また、押し入れを布団や家電収納として使う場合は、ひと工夫を[40頁]

「モノ」の定位置を決める

家族みんなが収納場所を把握できる工夫を

ラベルや付箋を貼って、モノの定位置を家族が感覚的に覚えられるようにすると、探さない収納ができる。リビング・ダイニング以外にも応用したいテクニック

“ちょい置き場”をつくる

例えば玄関から居室までの動線上に“ちょい置き”できる場所があれば、そこに脱衣を入れる習慣が身につき、脱いだ衣類が居室に散らばらない

rule 3

専用ワークスペースでダイニングを美しく保つ

ダイニングは食事する以外にも、いろいろな生活行動を行う場所。子どもの宿題や化粧のためのデスク代わりに使われることも多いでしょう。テーブルの上は、放っておくと子どもの勉強道具や書類、郵便物などが次々に積まれて溜まってしまいます。このような散らかりを防ぐには、キッチンとダイニングの近くに勉強道具・文房具・書類収納を設けることを検討しましょう。

家事やリモートワークスペースのススメ

幅600×奥行き500㎜程度の広さが最小

最小で600×500㎜あれば、パソコンや書類を置いて家事や勉強ができる。デスクカウンターは、座って使うなら高さ700㎜、立って使えるようにしたいなら950～1,050㎜を目安に

キッチンカウンターの一部を使う

キッチンのカウンターを延長して、一部をワークスペースとする方法もある。壁面をメモが貼れるマグネットクロスにすると便利

暮らしをワンランクアップ！

物干関連グッズの散らかりに要注意

ランドリールームがない場合、洗濯物をリビングに部屋干しすることもあるでしょう。そんなとき、カーテンレールや窓枠、長押にハンガーを引っ掛けていませんか。これらを傷つけないように、室内干し専用のフックやポールを使いましょう。また、散らかりがちなハンガーや洗濯バサミなどの物干関連のグッズは、収納かごにまとめて収納する場所を用意しましょう。

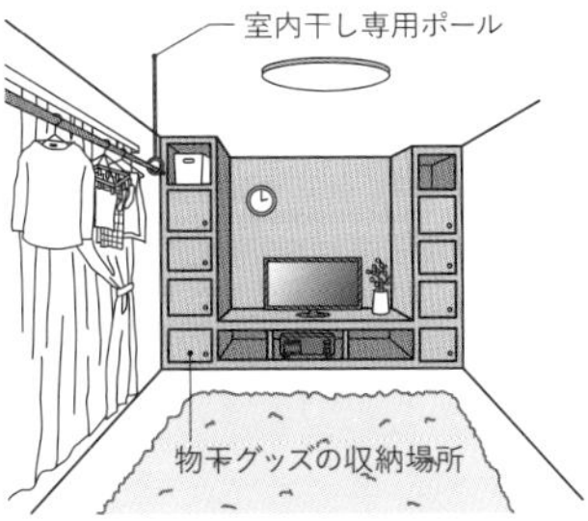

リビングに設置する専用のフックやポールは使い勝手だけでなく、悪目立ちしないよう見栄えも考慮して選定する

無理なく片付くキッチン収納術

収納のプロ直伝！

キッチン収納は、食器や家電などを見せるオープン収納と、徹底的にモノを隠して生活感をなくすクローズ収納の2つに大別できます。好きなモノを飾って楽しみ、視覚的に判断して感覚的に使うタイプの人にはオープン収納がお勧めです。一方、目に見えるモノの情報量が多いとストレスを感じてしまったり、使うモノを効率的に配置して理解するタイプの人は、クローズ収納がよいでしょう。収納を見直して、家族全員が使いやすいストレスフリーなキッチンを目指しましょう。

オープンの弊害

オープン収納…？
オープン収納
へ～「おしゃれなうえにいちいち戸を開け閉めしなくてもモノを取り出せる」か…
フムフム…
これなら片付け上手になれそうね！
リノベーションのすべ
リノベーション後…
あとはここにおしゃれな食器や家電を置けば完璧！
イメージと違う…
ガスコンロ
こんなはずじゃ……ステキな物を買わないといけないの？……

（監修：吉本とも子）

rule 1

オープン・クローズ・ミックス収納を使い分ける

見える位置にモノを置いて、感覚的に収納場所を把握できる「オープン収納」。対する「クローズ収納」は、モノを隠すことを前提とするので、片付けるとキッチンがすっきりして見えます。どちらの収納方法が向いているか、自分の特性に合っているほうを選びましょう。ただし、家族で使う収納は2つの収納が適度にミックスされているほうが使い勝手がよくなります。

○ 収納タイプと特性の傾向

オープン収納が向いている（感覚的）	クローズ収納が向いている（論理的）
□モノの出し入れがしにくいことがある	□モノの出しれにストレスを感じることが少ない
□すぐ見つからないことがよくある	□モノを探すことがあまりない
□先延ばしにすることがある	□できることは先延ばしにしない
□調理しているときに散らかりがち	□調理中にあまり散らからない
□献立を決めずに買い物をする	□献立を決めて買い物をする
□冷蔵庫に賞味期限切れのものがある	□冷蔵庫内のモノを把握している
□出しっぱなしにすることが多い	□出しっぱなしを好まない
□ひらめきで行動する	□まず計画してから行動する
□こんなところにあった！と驚くことがよくある	□収納場所を細かく決めている
□使うところにモノを置く	□持っているものや、ストックしているものをリストにできる
□形や色で判断する	□文字で探す
□とりあえず、とよく言う	□効率よく、とよく言う

＊チェックが当てはまる数が多いほうが、より適している収納方法

○ ミックス収納でメリハリをつける

来客時は隠せるようにする

壁一面の棚を引戸やロールスクリーンで隠せるようにしておけば、オープン収納とクローズ収納を同時に実現できる。普段は全体を見渡せる収納として、来客時には見せたくないモノを隠せる工夫

面を最大限に活用する

床から天井まで高さいっぱいの収納は大容量だが、割れ物など落下のおそれがあるモノは、頭上に置かない、重い物は下部に置くなどの安全面の注意が必要

rule 2

対面キッチンは６つのコツで片付け上手に

キッチンのレイアウトで最も多い対面型キッチンは、作業台の背面に冷蔵庫や食器棚を置くスタイルですが、ごみ箱を置くスペースが忘れられがちです。片付けやすいキッチンにするには、下の６つのポイントを押さえましょう。また、一般的なキッチンの作業台の奥行き 600 ～ 650㎜程度に合わせた開き戸タイプの収納は、奥行きが深すぎて目が届きにくくなります[※1]。奥までしっかり使える引き出しタイプの収納のほうが便利です。

○ 片付けやすいキッチン

パントリーがある

オープン収納とクローズ収納をミックスさせる

一時的にものを保管できる“ちょい置き”スペースがある

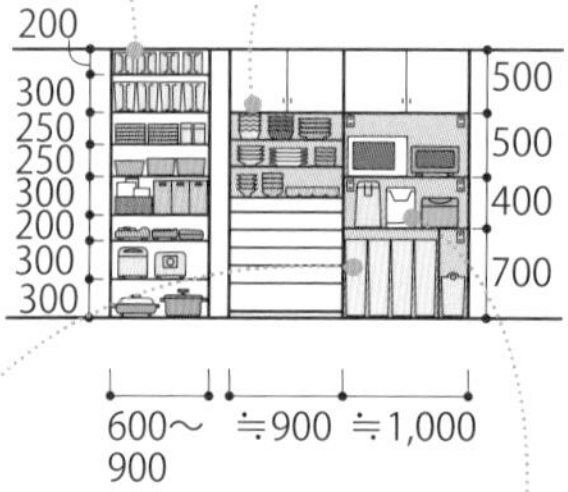

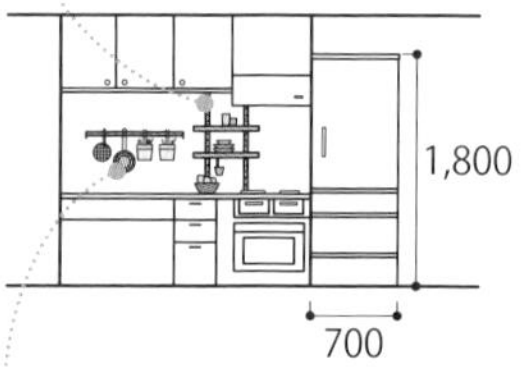

ごみ箱を置くスペースがある

家電調理器用の収納がある

フライパンや調理器具など毎日使うモノをワンアクションで出せる・戻せる

○ 引出し収納のススメ

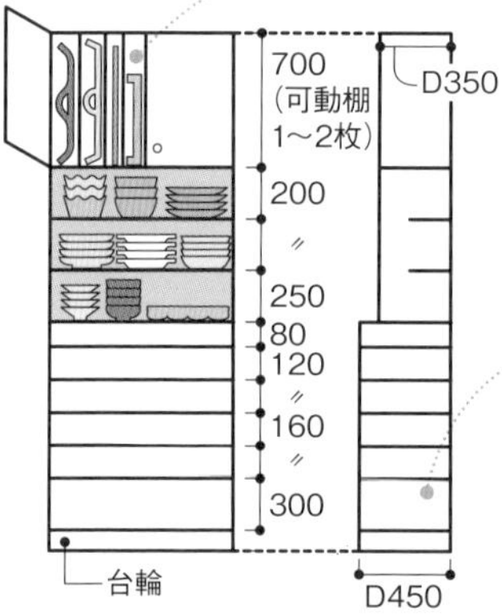

上部の棚は立てて収納

モノを出し入れしやすい棚の高さは、人の肩から膝まで。これより高い位置の棚には、トレイやカッティングボードなど平たいモノを立てて収納。使用頻度の少ないすし桶、お重の収納にも適している

深さの異なる引出しを設ける

深さが浅い引き出しにはカトラリーや大きい平皿、豆皿を、深さがある引き出しにはどんぶりを収納するというように、深さの異なる４種類程度の引き出しがあると便利

※１ 手前 450㎜程度より奥は目が届きにくく、使いにくい

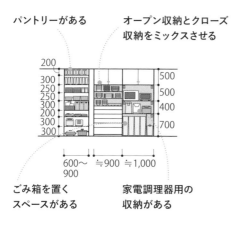

rule 3

ごみ箱やフキンの定位置を確保する

ごみの専用置き場を用意しなければ、衛生的ですっきりしたキッチンを維持できません。分別数と回収頻度に応じて、必要なスペースを確保してください。また、フキンを使う場合は一時的に干す場所も必要です。これらにも定位置を決めましょう。視界に入らない低い位置に収めると、すっきり感がアップします。

○ ごみや布巾を目立たせない収納術

隙間をフキン収納のスペースに

コンロ横の隙間収納に布巾を掛けられるようにすると便利。壁にニッチ（くぼみ）をつくって、調味料を並べ、そこにフキンを掛けておくのも一手

ごみ箱と関連グッズは近くに収納

ごみ箱はシンクの下か背面収納の下部に置くのがベスト。ごみが出る場所のすぐ近くに設けるよう心がけたい。ごみ箱の近くには、ごみ袋のストックや消臭スプレーなどの収納場所も考慮したい

rule 4

パントリーがあればさらにすっきり

キッチン付近に、食材のストックや使用頻度の低い調理器具を置いておけるパントリーがあると理想的です。家族で共有できるように見える収納やラベリングしましょう。缶詰やカップ麺、災害時の非常食や水の在庫を一括管理できます。

○ パントリーに効率よく収納する

コンビニの棚がお手本

棚や置くモノの高さはコンビニ棚を参考に、奥行きは最大450㎜程度に。幅は600㎜あれば十分

棚板を上下可動式に

棚柱を付けて、収納するものに合わせて棚板を上下に可動できると便利。一升瓶や梅酒瓶、ペットボトルや米びつなど重いモノや大きいモノは下段に置く

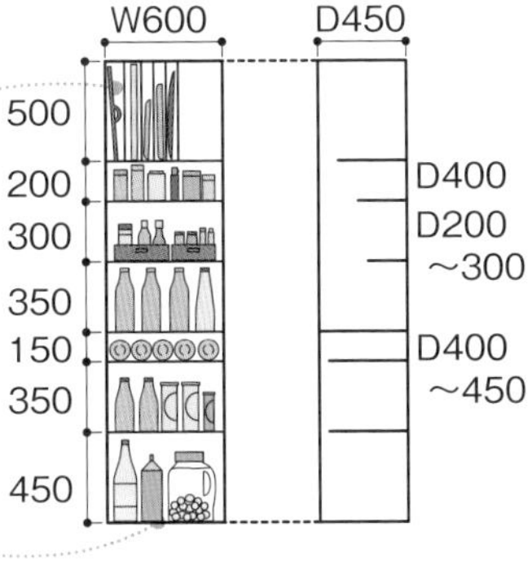

水廻り収納は衛生面も抜かりなく！

収納のプロ直伝！

平和な朝のために

洗面室　朝の陣
ー今日も生き馬の目を抜く戦いが始まったー
ちょっと！勝手にママの化粧水使ったでしょう！
私じゃない！ママこそ私の乳液使ったでしょ！
洗面台廻りは寝かせるのではなく、立てて収納するのがお勧めですよ！
なるほどー これなら整頓できそうだね～ けんかも減りそう
おっ、定位置が一目瞭然！これならバレずに使いやすい！
え?! 犯人はあなた?!

洗面所は「1・25坪サイズ」※1が主流になっています。その限られた面積のなかに洗面台と洗濯機を設置し、さらに、タオルや洗面用具・化粧品などの収納、洗濯物置場を確保するのは簡単ではありません。洗面台は引き出し収納にして、「立てる収納」をお勧めします。さっと取り出してさっとしまえるので、毎朝の身支度もスムーズになります。また、浴室の小物はぬめりやカビなどが付かないよう、「吊るして収納する」とよいでしょう。浴室掃除も楽になります。

※1　1,820 × 2,275㎜

（監修：吉本とも子）

rule 1

引き出しに立てて収納が基本

特に女性の多い家庭は、洗面台廻りの収納量を多めに確保するとともに、身支度が段取りよくできるよう、モノをスムーズに出し入れできる収納が求められます。引出し収納のなかにモノを立てて収納できるようにすると、化粧品などの場所が一目で分かり、取り出しやすくなります。そのほかにどれくらいの収納が必要か、洗面廻りで使うモノを書き出してみましょう。

○ 出し入れしやすい引き出し収納

引出しの深さを 3 段階にする

化粧品やコットンなど小物用には浅い引出しを、スプレー缶やブラシなどには深い引出しをと、収納するモノに応じて深さを 3 段階に設定するとよい

仕切る・まとめる

洗面台前の鏡裏収納は奥行きが狭く、手が届きにくいなど使いにくいことも。低い位置に設けた引出しを細かく仕切り、立てて収納して、探さない収納にする

○ 使い勝手のよい洗面台

コンセントは多めに！

ドライヤーのほか、ヘアアイロンや電動歯ブラシの充電器などの数に応じてコンセントの数を用意

一時的なモノ置き場を確保

コンタクトケア用品や眼鏡、アクセサリー、時計など、一時的な置場があるとよいものもある。利き手側にスペースがあるのが理想的

タオルは取り出しやすい位置に

1 日に何度も出し入れすることもあるタオルは、使いやすい位置に収納したい。化粧品や洗剤類とは別に収納があるのがベスト。また、オープン収納かクローズ収納かは、家族の使いやすさに応じて選ぼう［22 頁］

rule 2

小さくてもランドリールームを設ける

洗面所の隣にランドリールームがあると、洗面所に洗濯機を置かなくてよくなるので、朝の身仕度と洗濯動線が分けられます。ランドリールームは洗濯待ちの衣類の一時避難置き場としても◎。

○ ランドリースペースのススメ

室内干しスペースを兼ねる

ランドリールームでは、洗う・干す・畳むが1カ所で行える。常に洗濯物を干していても気にならない場所に室内干しスペースがあると便利

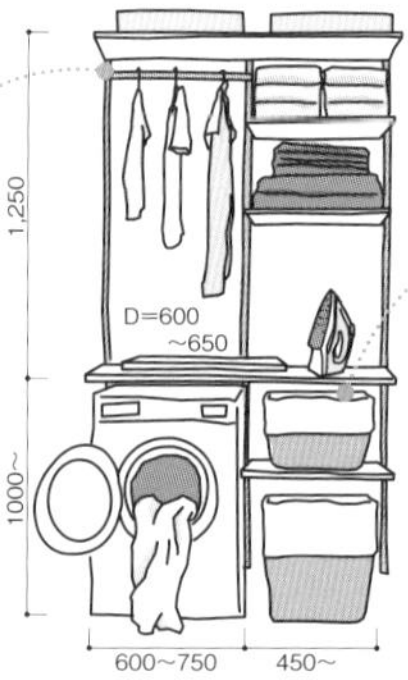

洗濯物やタオルの置き場をつくる

洗面で使いたいタオルや下着などの収納をランドリールームに設けると、洗面室廻りやクロゼットの収納に余裕が生まれる

rule 3

子どもの部屋着や下着収納は洗面室が◎

片付けのしやすさを考えると、0 歳～幼稚園児の幼い子どもは、洗面室で洋服を脱ぎ着きすることも考えられます。通常はリビングや隣接する和室などの、おもちゃのスペースで収納されているケースが多いのですが、洗面所に部屋着や下着の収納スペースを準備すれば、リビングでの脱ぎっぱなしがなくなります。

○ 子どもの洋服収納の例

幅 600㎜程度のハンガーパイプを設置

子ども服をかけるハンガーパイプは 600㎜あれば十分。高さは子どもが届くよう1,000㎜以下がよい。下着などは子どもの胸の高さより低い位置の引出しやかご収納がお勧め

片付けの習慣が身につきやすい

子ども目線で見える、届く位置に収納をつくると、小さなうちから「着る服を選ぶ、洗った服は収納すること」を覚えられる（システム化する）

rule 4

浴室は吊るす収納でカビ・ぬめりを防ぐ

浴室にはシャンプーや石鹸などを置く棚を設けることが多いですが、高い位置にある収納は使いづらく、壁につけられた収納は小さく、掃除もしにくいことが多いもの。清潔さを保つためにも、取りやすい位置に吊るして収納できるほうが便利です。

○ カビやぬめりを防ぐ浴室収納

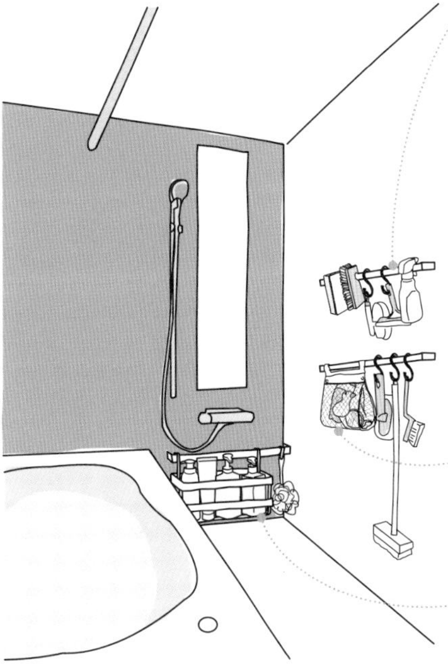

浴室掃除グッズも壁に吊るす

スポンジやブラシ、スプレー洗剤、バススリッパ、湯桶など、浴室掃除グッズは吊るしておけば底面のカビやぬめりを防げる。浴室内に吊るせるよう、バーを取り付けておくとよい。マグネットで後付けできるタイプも活用

子どものおもちゃは ネットにまとめる

散らかりやすい子どもの浴室用おもちゃは、ネットに入れて吊るす収納もあり！ぱっと見てわかる収納なら、子どもが自分で片付けられるようになる

浴槽高さに収納を設ける

浴槽と同じ 400 ～ 450㎜程度の高さにシャンプーや洗顔料などの収納を設けると、使い勝手がよく、見た目もすっきりする

グッズが多い場合は 収納ケースの活用も

家族それぞれで使うシャンプーやトリートメントが違う場合もある。そのような場合は、各自のお風呂グッズをかごに入れて管理するのもよい

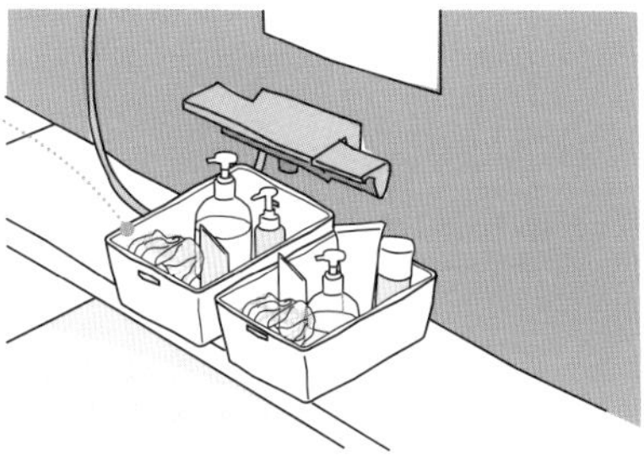

収納のプロ直伝！ 着回し上手になれるクロゼット収納術

フランス人に憧れて
フランス人はたとえ服10着しか持っていなくてもおしゃれだけど
ハーーッ
わたしは無理だわ
フランス人は服を10着しか持たない
でもよく考えると私同じ服ばっかり着てるなあ……
2017年
2016年
2015年
ALBUM
この服、いつ買ったんだっけ？
服はたくさんあるけどもしかしたらいつも着ているのは10着もなかったりして！着ていない服は捨てなきゃ……
次の日
昨日のあの服捨てなきゃよかったー
コーデがまとまらない！
どうしたら私もクロゼットもおしゃれになるの!?

理想のクロゼットをつくるためには、まず理想の自分（例：●●さんのイメージが好き）を想像します。そして、「理想の自分に近づくためにこの服が必要か」を判断していきます。「必要なし」と判断した服は再検討箱に一時保管し、次のシーズンになっても着なかったら手放すようにしましょう。よく着ている服は持っている服の20％と言われています。思考とモノを整理すると、どれくらいのスペースに、どんなルールで置くと使いやすい収納になるのかが見えてきます。

（監修：吉本とも子）

rule 1

吊るす収納に必要な奥行きと高さを把握する

最近の洋服は立体的な裁断と縫製でつくられているものが多く、畳むより吊るすほうが収納しやすいものが増えています。吊るす収納をメインに考え、必要なサイズを把握しましょう。ウォークインより壁面タイプのクロゼットのほうが、デッドスペースが生まれにくいため、収納量が多くなり、出し入れもしやすいということも覚えておいてください。

クロゼットの吊り収納に必要な高さと幅

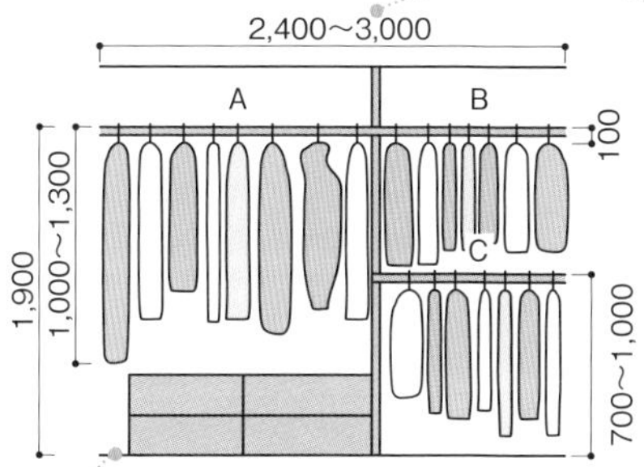

ハンガーパイプは1人当たり合計2,400～3,000㎜

1年分の洋服を吊るして収納するには、ハンガーパイプは1人当たり3m(A＋B＋C)が理想。洋服の長さに応じてハンガーパイプを動かしたり、2段設置したりできるようにしておくと、ムダなく空間を使える

下部スペースには畳んで収納する衣類や着物などを収納

和だんすを用意するほどの量の着物がない場合は、ロング丈の洋服を吊るした際にできる下部スペースに桐の衣装ケースを置き、畳紙に包んで収納するとよい

吊るす洋服	必要高さ
コート	900～1,300㎜
ワンピース	900～1,200㎜
スカート	500～850㎜
チュニック	630～800㎜
シャツ・ブラウス	600～800㎜
Tシャツ・カットソー	500～600㎜※1
パンツ（フルレングス）	900～1,100㎜
パンツ（二つ折り）	500～600㎜
女性用ジャケット	600～700㎜
男性用ジャケット	700～800㎜

※1 男性用は680㎜が標準

吊るすときに必要な高さは、上記にプラスして、ハンガーフックの高さ分の約100㎜を考慮する

クロゼットの吊り収納に必要な奥行き

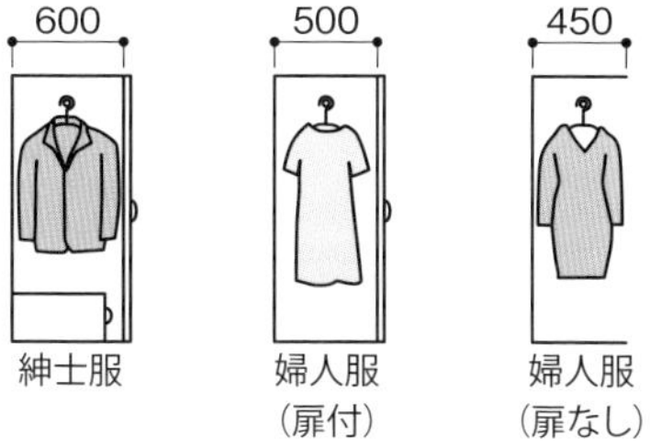

男性用のアウターも収まるサイズが奥行き600㎜

扉付きクロゼットに男性用アウターを収納する場合は、奥行は600㎜必要。女性用の洋服なら、扉付きでも500㎜あればOK※。ウォークインやウォークスルータイプのクロゼットで、扉がない場合は、女性用の洋服なら奥行き450㎜でも収納できる

※ 扉のないタイプなら奥行き500㎜で男性用アウターも収納可能

rule 2

着用頻度や洋服の素材に合わせて ハンガーを選ぶ

ハンガーは、素材、厚さ、滑りやすさなどさまざまなので、着用頻度や服の素材に応じて選びましょう。ハンガーと服の厚みから想定した必要幅に加えて、10 ～ 20% のゆとりがあると出し入れしやすいクロゼットになります。少なくともハンガーパイプに 100㎜程度のゆとりができる収納量に抑えましょう。

○ ハンガーの厚みと収納可能枚数の目安

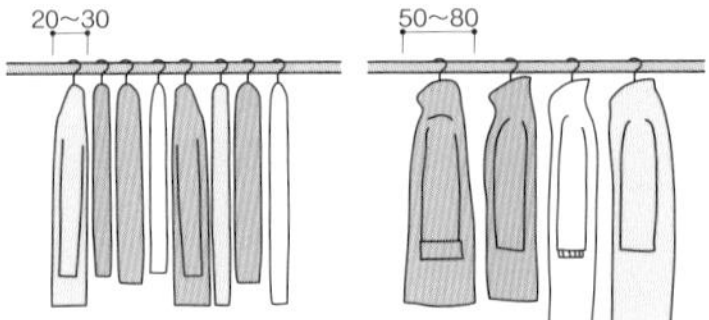

20~30
50~80

薄手の洋服はアルミ製や塩ビコーティング、アウター類は肩の厚みがあるタイプに

ブラウスや薄手の洋服に適しているアルミ製や塩ビコーティングのハンガーは、厚さ約 10㎜。服を掛けると厚み 20 ～ 30㎜と想定する。アウターに適した肩の厚みがあるハンガーは、ハンガーだけで 30 ～ 50㎜、アウターやジャケットを掛けると 50 ～ 80㎜の厚みを要する

---

rule 3

クロゼット内のゾーニングで散乱知らずに！

壁面クロゼットでフルオープンの扉なら収納物を一目で見渡せます。さらに、ゾーニングをもとに収納のルールを決めておけば、毎日のコーディネートがよりスムーズに、楽しくなります！　例えば下図のように、よく使うものを中央に収納し、使用する頻度に応じて配置していきます。衣替えの有無やモノの量などに応じて、自分なりのルールをつくってみるのも手。

○ 衣替えをする場合のクロゼットのゾーニング例

使用頻度の高い服は中央に

出し入れの多い服が中央にあれば、服探しでクロゼット内が乱れにくい。衣替えをしない場合は、1 年を通して着る服をここに収納する。使うハンガーをそろえると、収納物の肩の位置などがそろい、服が見やすくなる

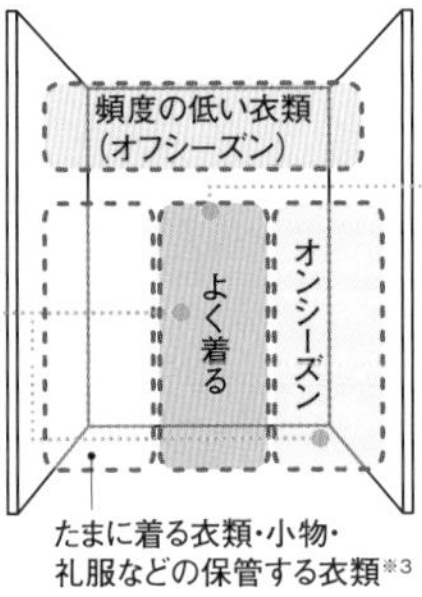

頻度の低い衣類
(オフシーズン)
よく着る
オンシーズン
たまに着る衣類・小物・
礼服などの保管する衣類※3

オンシーズンの衣類を利き手側に

オンシーズンの服は利き手側に収納して選びやすくする。手が届きにくい高い位置にはオフシーズンのものを、利き手と反対側のゾーンには年間を通して頻度の少ない服や、小物を収納

rule 4

ファッション小物も一緒に収納する

クロゼットが片付かない大きな原因の１つは、収納量過多です。服が増えるのは、もっている服だけでは希望のコーディネートが組めず、買い足してしまうのが原因。選びやすく、トータルコーディネートを考えやすい収納とすれば、より多くの服に活躍の機会が生まれ、たんすの肥やしもなくなります！

◯ 吊るす以外にあると便利なクロゼットの設え

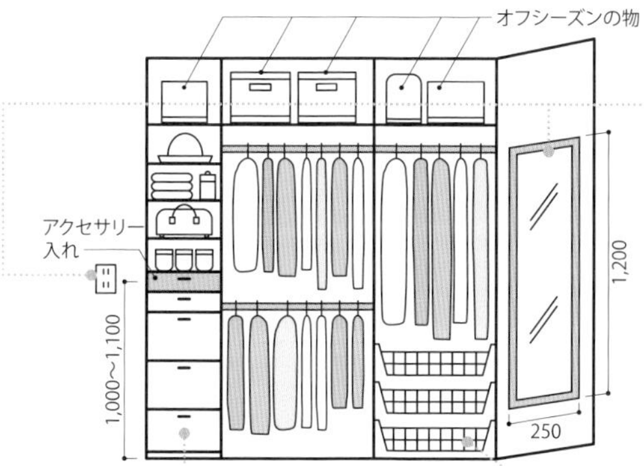

姿見やコンセントで身支度の時短もかなう

全身が写る姿見があると、コーディネートの時短につながる。クロゼットの扉の裏に姿見を取り付ければ省スペースにも。また、クロゼット近くにコンセントを設置しておけば、気になったときにさっとアイロンが使えて便利

帽子やバックは棚に、アクセサリー類は引き出しに

帽子やバッグは、形状を崩さず保管できるよう、奥行き 450 ㎜程度の棚に置いて収納するのが◎。アクセサリーやレッグウェア、ベルト、サングラスなどの小物は引出しに。アクセサリーは、床から 1,000 ～ 1,100㎜の位置の浅い引出しに収納すると出し入れしやすい

衣類の一時置き場をつくる

ジーンズなど、１回着ただけでは洗わない服は、いったんおいて置けるかごを用意。まだ着ていない服と着た服を一緒にしたくないという理由で、服が出しっぱなしになり散らかってしまうのを防ぐことができる

◯ 引き出しに必要な深さ

収納するモノ	必要深さ
ベルト（寝かせて入れる）	100 ～ 120㎜
アクセサリー	30 ～ 500㎜
サングラス	60 ～ 80㎜
ハンカチ、レッグウェア（立てて入れる）	約 130㎜
薄手のニット、Tシャツ	130 ～ 200㎜
厚手のニット	250 ～ 300㎜

小物のほか、ニットやＴシャツなど畳んで収納する洋服のために、クロゼット内に引出しは必須。ただし引出しでは、下から上に積み重ねての収納は禁物。引出しを引いたら一目で収納物が分かるように、例えば手前から奥に向かって物を入れていく。スペースのムダなく収納するポイントは、モノに合わせて深さを変えること

※３　礼服は外側に吊るすとよい

収納のプロ直伝！

掃除力が高まる収納スペースのつくり方

トイレットペーパーの居場所

コレ
さすがに買いすぎたわね……
でも、ないと落ち着かないのよね……
トイレも変えることだし収納も増やしてもらおっと
リノベーション後…
これならたくさんトイレットペーパー置けるわね！
もしかしたら本も置けるんじゃない!?
あっ!! 紙が……
あとちょっと……あとちょっと…!

収納スペースを効果的に設けることで、家全体のメンテナンスや掃除が楽になります。例えばトイレの収納でも、ストックとすぐ使うものを分けて収納できるよう考えましょう。すぐ使いたいトイレットペーパーは、座って手が届く位置に収納できるようにします。また、多種多様な掃除道具や家電が、家のあちこちに置かれていませんか。これらをまとめておける居場所をつくってあげることを意識しましょう。

（監修：吉本とも子）

rule 1

トイレ収納は浅くてもしっかり確保する

トイレでは狭い空間に、便器、紙巻器、トイレットペーパーストック、衛生用品、掃除道具、ごみ箱、タオル、手洗い器などを収めなければなりません。そのなかで収納は、便器の背面や吊り戸棚など、手が届きにくい位置に配されることが多いのですが、低い位置に設けると使い勝手がグンとアップ。奥行は150～200㎜あれば収納できるものも多くあります。

○ 浅い収納が活躍！

低い位置の収納は汚れにくい工夫を

低い位置は湿気がたまりやすく、汚れやすい。低い位置に収納をつくる場合は、扉付きとしたり、汚れにくい素材［52頁］を採用したりするとよい

掃除用具やゴミ箱も床直置きは避ける

直接床に掃除用具を置いていると、床掃除のプチストレスに。これらも収納にまとめたい。ただし、衛生面からトイレットペーパーのストックや衛生用品とは位置を離して収納できれば◎。また、子ども用オムツや介護オムツのゴミ箱を置くことも検討しておこう

奥行きはトイレットペーパーに合わせて

収納の奥行きは、トイレットペーパー（直径約120㎜）やウェットシートボックス（幅170×奥行130㎜程度）が入る150～200㎜あればOK

○ ペット用トイレのスペースを兼ねる

ペット用トイレの置き場所はトイレ内なら◎

ペットがいる家庭では、人用トイレ内にペット用のトイレを設置すれば、匂いトラブルを防げる。ペット用トイレやトイレグッズを収納できるスペースを確保しておこう

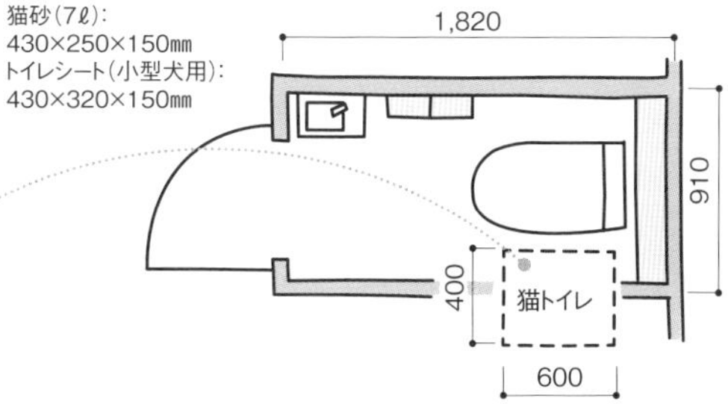

猫砂（7ℓ）：
430×250×150㎜
トイレシート（小型犬用）：
430×320×150㎜
1,820
910
400
猫トイレ
600

rule
2

掃除道具やストックは「まとめ収納」が正解！

掃除道具とストックを収納する場所をつくりましょう。一目で道具やストックなどが把握できないと、余計なモノが増える原因にも。どの部屋にもアクセスしやすい場所やキッチンの近くに掃除道具をまとめて収納できれば、家族みんなが使いたいモノがパッとわかって、サッと掃除できます。

○ 消耗品のムダ買いも防げる掃除道具収納

長いものは吊るして収納

ほうきやモップなど柄の長いものは吊るして収納すると取り出しやすい。スティック掃除機を引っ掛けて収納できるようにハンガーパイプがあるとさらに便利

各部屋にあったほうが便利なグッズも

粘着ローラーやハンディワイパーなどはすぐに使えるよう各部屋に置いておきたい。スペアはまとめて掃除道具収納スペースにおくと、ストックの有無が一目で分かる

可動棚でデッドスペースをなくす

収納するモノに応じて高さが変えられるよう、可動棚にするのが◎。最下段の棚板はメッシュ状のステンレスルーバーなどとし、そこに使用後のバケツを干せるようにしておきたい。洗剤やシート類のストックは収納グッズを使って、立てる、または、吊るして収納する

ロボット掃除機用の充電スペースを設ける

ロボット掃除機は機種によって大きさ・高さ、コンセント位置（充電位置）が異なるので、コンセント位置に注意。ハンディタイプやスティックタイプ掃除機の充電のためにも、コンセントは2カ所は必要

暮らしをワンランクアップ!

収納グッズは用途に合わせてかしこく選ぼう

収納をさらに使いやすくするには、小物を分類して整理できる市販の収納ケースやグッズが不可欠。100円均一など安価なものでそろえればコストを抑えられますが、買い足したいときにその商品がない可能性もあるので要注意です。買い替え、買い足しが必要になりそうな収納グッズは、モジュールが決まっていてずっと販売されている定番品を選ぶのがベストです。お薦めの定番品を紹介します。反対に1回そろえれば事足りるグッズは、安価なものにしてコストを抑えるのもよいでしょう。

「ファイルボックススタンダード」（無印良品）

高さ1／2サイズは、高さが低いので収納しているものが一目で分かりやすい。はがきや封書などの整理にも便利。幅と高さ違いや、蓋などの専用オプションもある

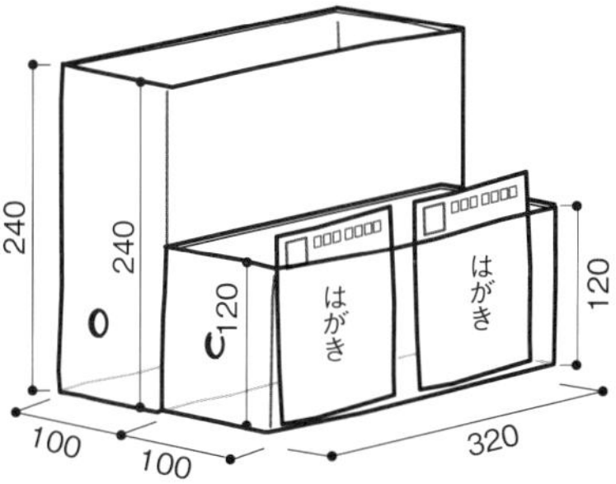

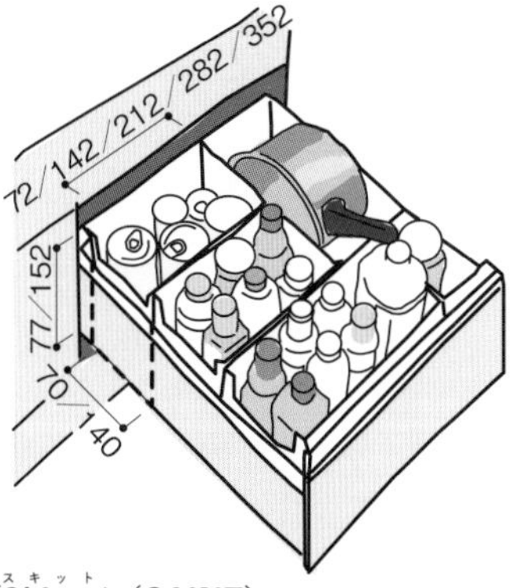

「Skitto《スキット》」（CAINZ）

収納仕切に便利な小物ケース。サイズは14種類あり、シャープなコーナー処理により、複数並べて配置してもムダなスペースが生まれにくい

「SKUBB《スクップ》」（IKEA）

サイズ310×340×330㎜のものは、洋服の収納に便利。畳めるので使わないときや購入するときにかさばらない。また、ボックス6点セットは靴下や下着の収納として使いやすい

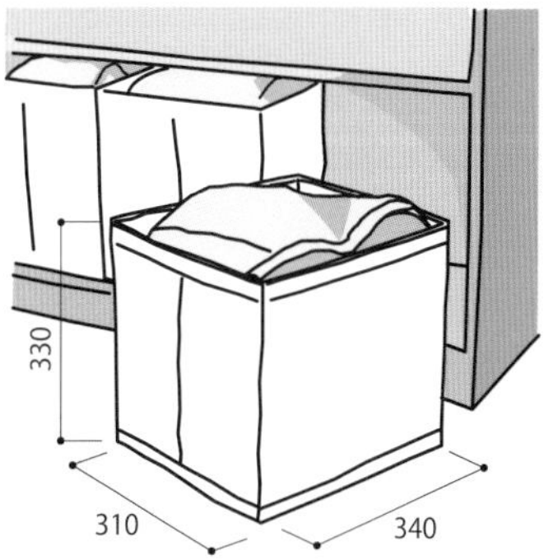

かさばる家族共有物のかしこい収め方

収納のプロ直伝！
防災用品に季節家電、ひな人形や兜飾り・五月人形といった季節の飾りもの、子どもの思い出の作品、来客用の寝具など、収納に困るものは意外にたくさんあります。特に家族共有のモノは、家族みんなで探さない片付け（再現性のある片付け）ができるよう、片付けが苦手な人でも使いやすい収納をつくるようにしましょう。子どもや高齢者、それぞれにとって片付けやすい収納方法やできることは異なります。片付けは家族間のコミュニケーションから始めましょう。

思い出の行き先

あの子もとうとう巣立っていっちゃったのね～……
あの段ボールは置いていったのか？
ま、この部屋使わないしいいか……
数年後……
私たちもそろそろ
終活を考えなきゃな……
○○老人ホーム ご案内
○○老人ホーム ご案内
自分たちの荷物でさえ大変なのに…子供の荷物どうしよう……
ゼーハー
ゼーハー
早め早めの片付けが大事だな…とりあえず娘の家に送ろう
ゼーハー
ゼーハー
アルバム
ひな人形
えっ!?
わーい♪2つも！
アルバム
ひな人形
ひな人形

rule 1

災害用品は2つに分類して別の場所に保存

防災用品は災害発生直後にすぐ持ち出す一次避難用と、一次避難後に改めて持ち出す二次避難用で中身と置場を分けましょう。一次避難用はすぐに持って逃げるために寝室や玄関のワンアクションで手にできるような場所に置場を確保します。二次避難用の食品や常備薬は量が多いので消費期限をチェックして、使いながら蓄えられるパントリーなどを活用するとよいでしょう。

○ 災害直後の一時避難用防災グッズの寸法

安全に非難するためのグッズが必須

頭部を守るヘルメットや、素早くはける靴、夜間の視界を確保する懐中電灯など、安全に非難するためのグッズをそろえる。防災リュックには応急用の飲料水や食料、健康保険証のコピーや少額の現金なども備えておきたい

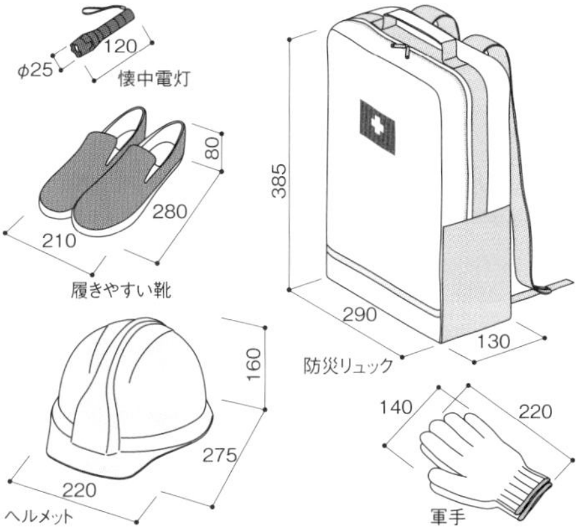

120
φ25
懐中電灯
80
280
210
履きやすい靴
385
290
130
防災リュック
160
275
220
ヘルメット
140
220
軍手

＊一般的な大きさ

○ 二次避難用のかさばる防災グッズ

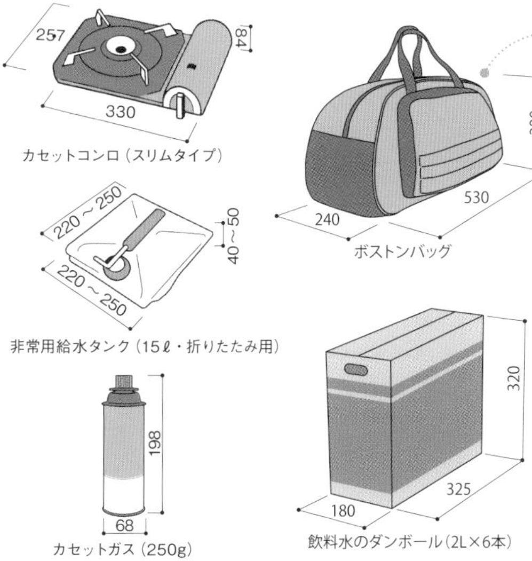

257
84
330
カセットコンロ（スリムタイプ）
220〜250
40〜50
220〜250
非常用給水タンク（15ℓ・折りたたみ用）
198
68
カセットガス（250g）
280
530
240
ボストンバッグ
320
325
180
飲料水のダンボール（2L×6本）

持ち出せる程度の大型バッグにまとめておく

持ち出し用の大型バッグには家族1人につき最低3日分＝9食分の食品（缶詰・レトルト食品・菓子類・飲料水）、簡易トイレ、ラジオ、カセットコンロ、ビニール袋（大小）、常備薬（30日分以上）、乾電池、食品包装用ラップなど生活用品が入る容量のものを選び、数個に分けて管理

＊一般的な大きさ

rule
2

押し入れの中段は外せる仕様にする

年数回しか使わない来客用の布団もかさばるものの1つ。とはいえ、押入れのサイズを確保しすぎても、スペースをとる上に使いづらくなってしまいます。適切なサイズを押さえておきましょう。新築時には、宿泊客の頻度・人数のほか、季節家電、催事用品の個数とサイズからサイズを決めるとよいでしょう。また、中段を取り外せるようにすると使い勝手は格段に上がります。

◯ 布団類の寸法

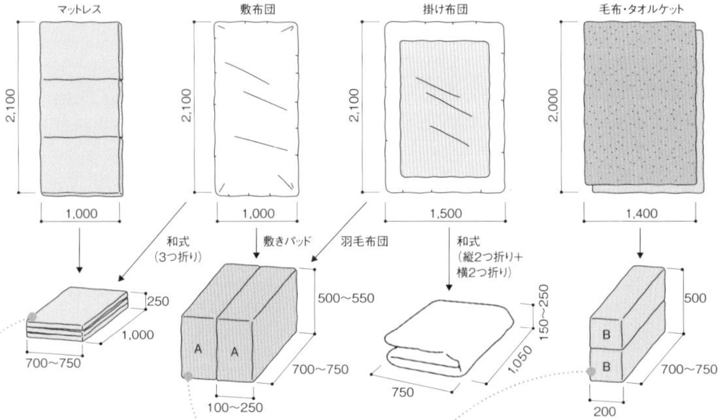

マットレス
敷布団
掛け布団
毛布・タオルケット
2,100
2,100
2,100
2,000
1,000
1,000
1,500
1,400
和式
(3つ折り)
敷きパッド
羽毛布団
和式
(縦2つ折り+
横2つ折り)
250
1,000
700〜750
500〜550
A
A
700〜750
100〜250
150〜250
1,050
750
500
B
B
700〜750
200

＊すべてシングルサイズ標準の場合

マットレスは立てて収納

寝具のなかで最もかさばるマットレスは、押し入れ内に立ててすると取り出しやすい。シングルを3つ折りしたときの寸法目安は上記の通り

上下に重ねるときは重いほうを下に

和式敷布団と掛け布団を折りたたんで上下に重ねる場合は、重量のあるものを下にするとよい。毛布やタオルケットなどは取り出しやすいように収納ケースを使ってコンパクトに収納

◯ 押し入れの収納例

シングル2セット分を確保

最低シングル2セットを持っている家庭が多い。押し入れにはこれにプラスして座布団や枕、クッションなどのスペースも確保したい

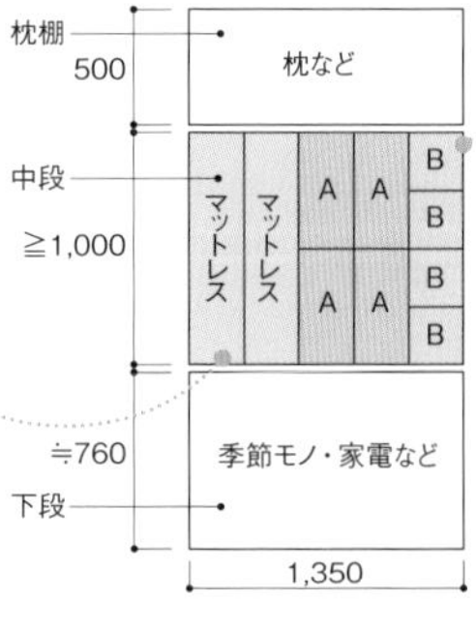

枕棚
500
枕など
中段
≧1,000
マットレス
マットレス
A
A
A
A
B
B
B
B
≒760
季節モノ・家電など
下段
1,350

奥行きは布団の3つ折りサイズが目安

押し入れの奥行きは布団を3つ折りにしたときの長手方向750㎜あるとよい。幅は布団収納方法に応じて1,350㎜程度にすると生活において使いやすい

rule 3

季節物は１カ所にまとめておく

季節家電や年中行事で使う人形など、使用頻度の低い季節物は押入れにまとめて収納するのが◎。扇風機やサーキュレーターは年中使うことが多くなっているので、季節家電は電気ヒーター、加湿器、ホットカーペットなどの冬物家電を中心に収納スペースを考えましょう。

◯ 収納に困りがちな季節の飾り物

兜飾りと収納箱

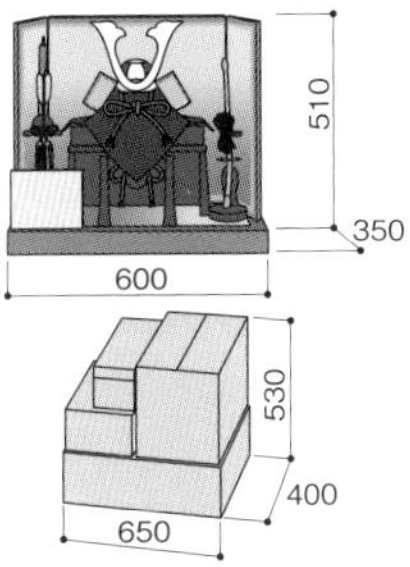

五人飾りと収納箱

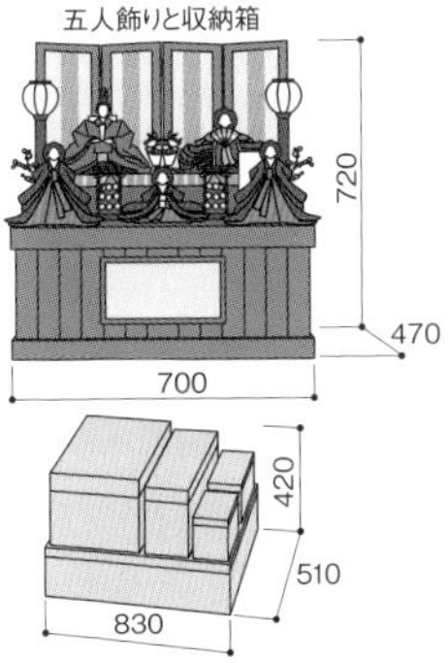

＊サイズは目安

飾る場所と収納場所を近くにする

季節の飾りは収納スペースと飾るスペースの両方が必要。重さもあるため、できるだけ飾るスペースの近くに収納スペースを確保すると出し入れがスムーズ。さらに、クリスマスツリーやパーティーグッズも一緒にイベント用品として収納できると◎

rule 4

「見て楽しむ」「飾る」も収納方法の１つ

子どもがつくった作品や工作は「何を大切にするか」で対応が変わります。気に入っているものは飾ることも収納の一つです。つくった過程を楽しむようなものなら最も気に入っている作品だけを飾り、ほかは写真におさめて手放していきましょう。

◯ 写真におさめて飾るという選択肢を

鑑賞用・保存用で分ける

思い出の品を写真に撮って飾れば、省スペースで思い出を保存できる。捨てられない趣味のコレクションなども観賞用・保存用で収納場所を変える。割り切って保存用は収納場所を外部に借りるのも１つの手だ

掃除のプロ直伝！

掃除の効率がグンと上がる素材選びと設え

居室をきれいに保つには、まずほこりを外に出し、空気を入れ替えることが大切。掃除をきれいに仕上げるポイントは、①光る部分をつくる、②モノの向きと大きさをそろえて片付ける、③部屋の隅から掃除する、です。また、各内装材の長所や短所を把握しておくことも、部屋をきれいに保つ第一歩です。各内装材と相性の良い掃除道具、適した掃除方法まで把握しておくとよいでしょう。

夢と希望と現実と

rule
1

フローリングは汚れの目立たなさを重視

床で汚れが溜まりやすいのは、目地。その目地が少なくなる、幅広（100㎜以上）のフローリングが床材としてお勧めです。また、樹種の色によって汚れが目立ちにくい色と目立ちやすい色があります。床材は、空間の印象のみならず、日常生活でのメンテナンスの利便性も大きく左右するので、その点にも留意して選びましょう。

◯ フローリングのメンテナンス方法

複合フローリングはワックスをかける

複合フローリングの場合、傷を目立たなくするためにワックスがけが有効。ただし、ワックスを塗った部分に洗浄液を使用すると、ワックスがはがれるので、メンテナンス時は使う順番に要注意

無塗装の無垢材は水拭きで OK

無塗装の無垢フローリングなら、掃除は硬く絞った雑巾で水拭きするだけで十分。ワックスをかけると、よく歩く部分だけワックスが剥離し、かえって目立ってしまうことも

◯ フローリングの色選択時の注意点

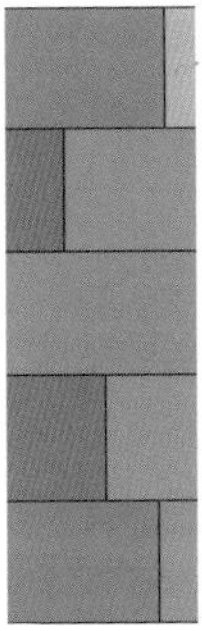

明るい色は髪の毛に注意

メープルなど明るい色の木肌の樹種は、ほこりなどが目立ちにくい一方、床に落ちた髪の毛などは目につきやすい

濃い色はほこりが特に目立つ

ウォルナットなど暗い色の木肌の樹種は、わずかなほこりも目立ちやすい。汚れやほこりの目立たなさから考えると、オークなど中間色の樹種がお薦め

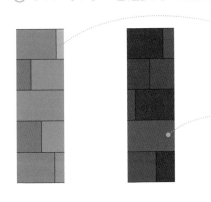

rule 2

石の床材は汚れの種類に応じたお手入れを

床材に石を選択した場合、日々のメンテナンスは掃き掃除とから拭きで十分。水を使った洗浄は極力避け、拭き掃除する場合も硬く絞ったモップや雑巾を使用します。クリーナーを使う場合は、石材を傷つけないよう、吸引口にブラシなどを装着しましょう。

◯ 石材の汚れの種類別原因と対処法※1

汚れの種類	対処法
艶落ち	ビールやサイダーなどの炭酸飲料が長時間付着していると、艶落ちが発生する。石材自体の表面が変質してしまうため、元どおりにするには再研磨が必要。防止策として、ワックスがけしておくのも手
シミ	石は吸水性が高いため、ジュースなど色のついた液体をこぼすと、シミになる。時間が経過するにしたがって除去が難しくなるので、なるべく早く洗浄する。薄い中性洗剤で除去できることもある
さび	石材が鉄製の家具と接触していると、さびが付着・浸透することがある。御影石ならばクエン酸などの弱酸による処理が有効だが、大理石には酸が使用できない。中性洗剤による表面洗浄で除去できる場合もある

rule 3

掃除しやすいのはシンプルな間取り

掃除機をスムーズにかけるには、入隅・出隅が少ないプランニングが理想的です。整形の建物形状と部屋のかたち、直線で短い廊下が、掃除機をかけやすい家への近道！

◯ 掃除機がかけやすい部屋のポイント

掃除機用のコンセントを確保

コンセントが少ない家は掃除しにくい。また、コンセントが家具などに埋もれて使われないままだと、ほこりが溜まり、漏電などの事故につながるおそれも。新築時には設置位置・数の入念な確認を

掃除機は吸込仕事率をチェック

掃除機は、吸込仕事率 500 ～ 600W（掃除機の裏側に記載あり）の吸引力が高いものがベスト

※1 ライムストーン（石灰岩）は水拭きも避ける。また、水廻りなど汚れやすい場所に石は不向き

rule
4

壁は張り替え可能な仕上げにする

壁をまったく汚さずに暮らすことは、難しいものです。また、どんな仕上げであっても、壁の汚れを落とすのはそう簡単ではありません。したがって壁をきれいに保ちたいなら、「汚さない、汚れを落とす」ではなく、「汚れたら張り替えられる」仕上げを選ぶのが現実的です。特に玄関廻りなど、靴の着脱時にいつも同じ箇所に触れて汚れやすい場所は、張り替えが可能な仕上げを選択するとよい。

○ 壁仕上げの使い分け

汚れを落としやすいのはクロス

クロスについた汚れは、専用の液体洗剤で拭き取る。クロスが張り替え可能なように、塗装仕上げも塗り替えは可能だが、拭き掃除で色落ちするリスクがあることに注意が必要

漆喰に洗剤はNG

漆喰に汚れが付いてしまった場合は、水拭きや、サンドペーパーで軽くこすり汚れを削る方法が有効。小さなひっかき傷なら、霧吹きで水をかければ復元できる

場所に応じて壁材を使い分けるのも一手

洗剤で汚れを落としにくい漆喰などの仕上げは、汚れやすい箇所を避け、限定して採用するとよい。人が手を触れやすい高さのみクロス仕上げにするなど、場所に応じて壁材を使い分けよう

rule 5

階段、照明、配線にも掃除にベストな設えがある

家のなかで掃除をする必要のない場所はありません。つまり、家のすべての設えについて、掃除のしやすさを考慮して決めることができるのです。頻繁に掃除しなくてよい箇所ならなおさら、汚れが溜まりにくい設えとすることが大切です。

◯ 掃除しやすいエアコンの取り付け位置

エアコンの四方にスペースを確保

エアコンを高圧洗浄する場合に養生や分解ができるよう、エアコンの四方には200㎜程度のクリアランスが必要。意匠性から家具と一体にしてエアコンを仕込んでもらう場合も、クリアランスを十分にとることを忘れずに

空気清浄機を併用する

エアコンの向かい側に空気清浄機を置くと、きれいな空気が部屋に循環する。掃除の直後など、室内にまだほこりが舞っている状況下で、窓を開けたくない場合などは、この配置が有効

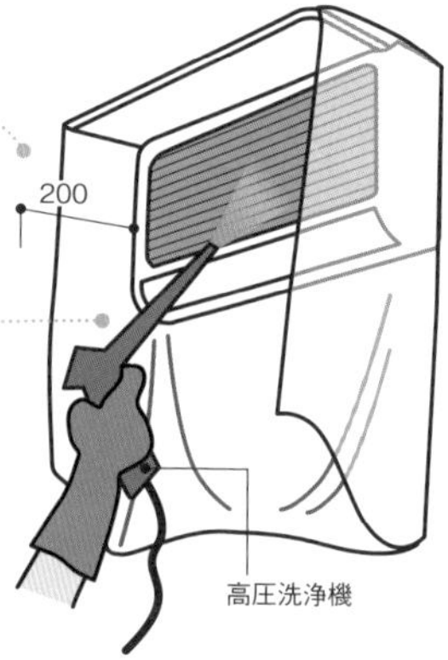

◯ 掃除しやすい照明の種類※2

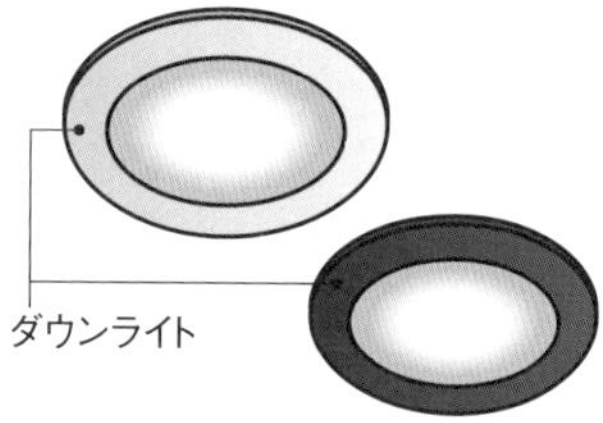

ペンダントライトは手の届く位置に

ペンダントライトは、シェードにほこりが溜まりやすい。手の届かない位置など頻繁に掃除ができない場所での使用は避けよう。また、間接照明も掃除がしにくいため、使用箇所を限定するとよい

掃除用の明るさを確保

掃除の際は小さな汚れも見逃さないよう、日中でも日が差さず暗い部屋にはダウンライトなど広範囲を照らせる照明を設けるとよい。色や明るさによってはかえって見えにくいので、調光・調色できるものに

※2 シャンデリアは専門業者に清掃を依頼するのが適当

◯ 階段形状の種類と長所・短所

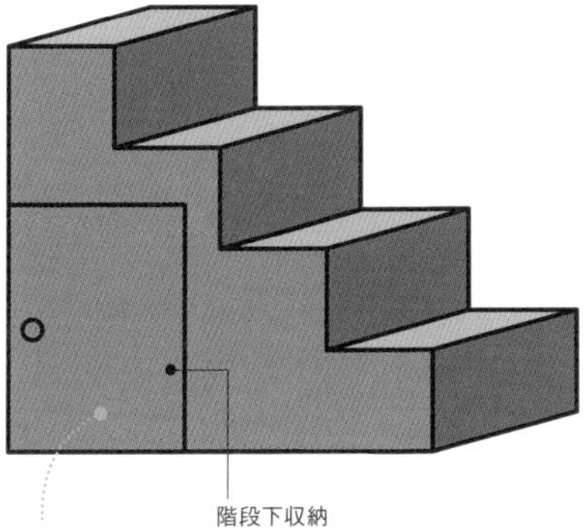
階段下収納

箱型階段は清掃性＜収納力

箱型階段は凹凸があるため、清掃性の点からは望ましくない。ただし、階段下のスペースは、掃除機など整形ではないものも多い掃除道具の収納場所として最適

スケルトン階段は掃除手順に注意

スケルトン階段は、空間全体が明るくなるのがメリットではあるが、その分、少しのほこりや汚れが目立ちやすい。また、ほこりが階段の下に落ちるので、床掃除に先んじて掃除する

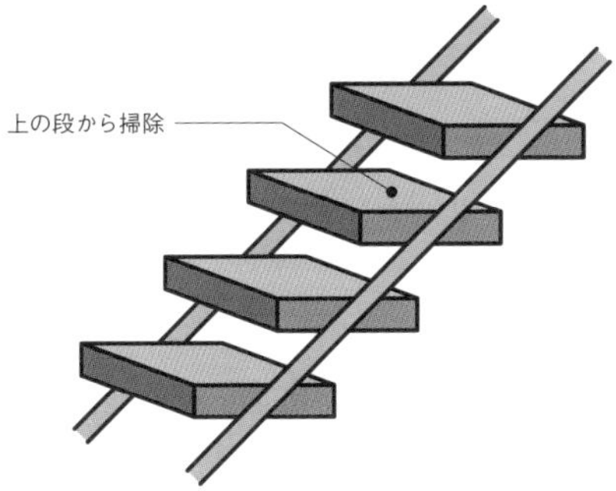
上の段から掃除

◯ 出入口が複数ある居室の注意点

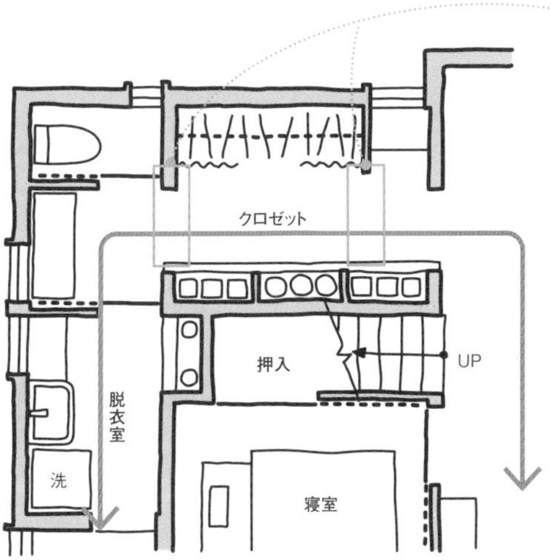
クロゼット
押入
UP
脱衣室
洗
寝室

3路スイッチを設置する

最近は、回遊動線を生み出したり、可変性のある間取りとしたりするために、複数出入口をもつ部屋があることも珍しくない。出入口が複数ある部屋には、3路スイッチを設けるとよい。掃除の際はもちろん、それ以外の部屋の利用時にも便利

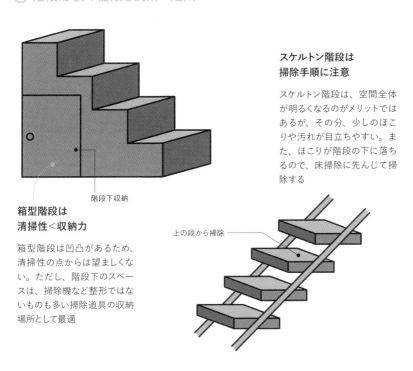

掃除のプロ直伝！

キッチンの見た目のすっきり感と清潔感を保つ

キッチンの掃除は、ほかの居室よりやっかいです。食品を扱う所でもあることから、常に清潔にしておくだけでなく、見栄えをよくすることが求められます。調理が終わったら、シンクは洗剤で清掃した後、水分を残さないようしっかり拭き取りましょう。汚れは放置すると落ちにくくなってしまいます。また、汚れにくい設えとすれば、キッチンの清潔を保てます。使い勝手を最優先に考えて収納の配置・戸の種類を選ぶことも、清潔さの持続と、見栄えのよさにつながります。

片付けまでが料理です……

キッチンにお金かけてよかったな〜
できたわよ〜
わーおいしそう！ワイン開けちゃおう！
!?
せっかくお金をかけたキッチンが…汚れて台無しじゃないか！
どうしたの？
トホホ…
もっと掃除しやすいキッチンにすれば…いや、掃除好きな奥さんだったらな…

rule 1

カウンター廻りの収納棚の工夫で清潔に

キッチンは空間に対して収納の占める割合が大きい場所。収納をきちんと掃除できれば、キッチン全体をきれいに保ちやすくなります。まず、小さな汚れや手あかが目立ちやすい仕上げは掃除の手間を増やすことになるので避けましょう。扉の設えや収納の配置も、作業のしやすさから決定すれば、自ずとキッチンが散らかりにくくなり、余計な掃除の必要も少なくなります。

○ すっきり感を保てるキッチン収納の設え

吊り戸棚は低めの位置が◎

高い位置にある吊り戸棚は使いにくく、掃除もしにくいにもかかわらず、リビング・ダイニングから見えることが多い。きれいに保つ・見せる観点から考えると好ましくない。どうしても吊り戸棚を設けるなら、低めの位置に

扉の仕上げと色に注意

収納棚は戸があるほうがキッチン全体の印象としてすっきり見せられる。飾り棚を取り入れる場合も、大容量の収納には戸を付けたい。収納扉を鏡面仕上げや濃い色（黒など）とすると、使ううちに取手廻りの塗装が剥げてしまい劣化が目立つので避けよう

掃除しやすいのは開き戸

シンク上の収納を開き戸とした場合は、扉を左右同時に開けるので内部全体を一度に見渡せる。また、面が揃うので掃除しやすい。一方、引き違い戸とした場合は、作業中に開け放しておける点が使いやすい

シンク下は引き出しで収納力アップ

シンク下の収納は引出しがお勧め。かがまずにモノの出し入れが出来るうえ、引出しの奥行きを調節すれば、パイプが通るシンク下でもデッドスペースを解消できる

○ 仕上げ別メンテナンス方法

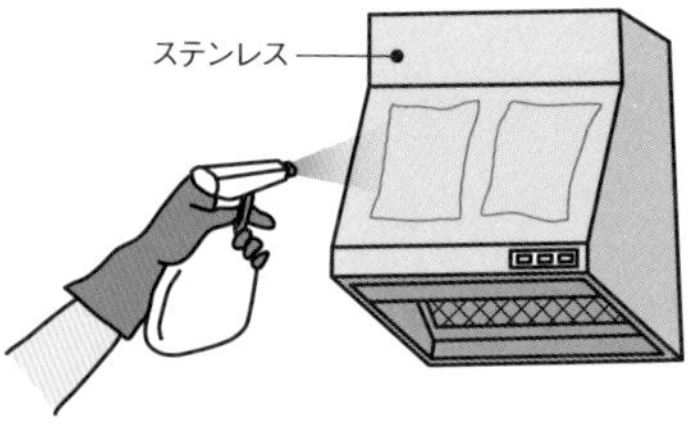

ステンレスはアルカリ性洗剤で

ステンレスのフードなどは、布やペーパータオルにアルカリ性洗剤をしみこませたものを、湿布の要領で張り付けることで油汚れを浮かせて落とす。洗浄後はステンレス用の艶出しで仕上げると、きれいな状態を長く保てる

キッチンにお薦めはセラミック

セラミックは耐腐食性・耐摩耗性が高い。アルカリ性または中性の洗剤を直接塗布し、布で拭き上げる。艶消し仕上げ、および凹凸のある部分には、水で濡らして硬く絞った布に洗剤をスプレーしたもので拭き上げた後、別の乾いた布で仕上げる

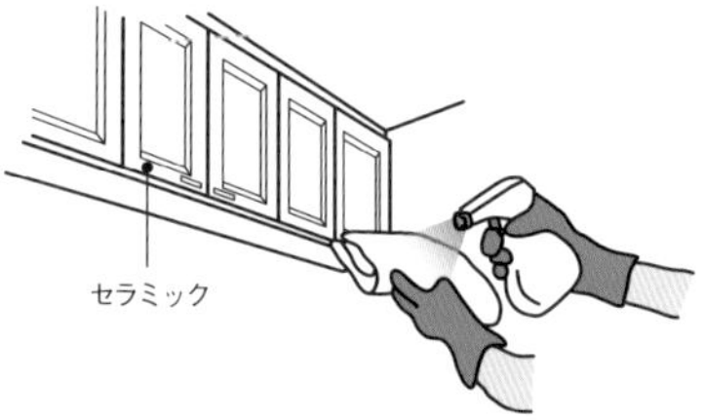

rule 2

油汚れは熱があるうちに拭き取る

コンロの掃除のポイントは、汚れが付いたらその都度すぐに拭き取ること。ガス台廻りの汚れの主な原因である油は、冷えて固まり、さらにそこにほこりなどが加わると、元どおりに汚れを落とすことが難しくなります。調理後冷える前に洗うのが理想ですが、最低限キッチンペーパー等で油を拭き取りましょう。

○ ガスコンロとIHクッキングヒーター

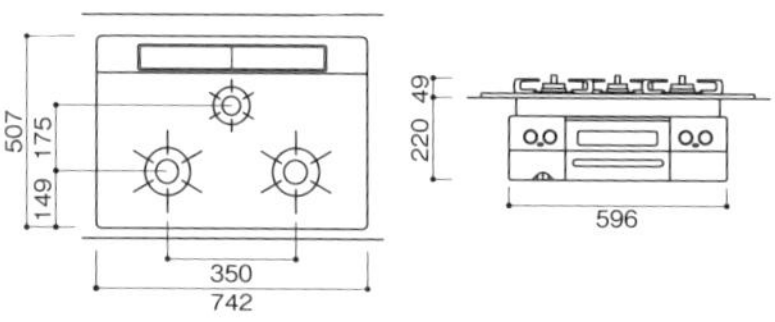

掃除のしやすさはIHに軍配

掃除のしやすさを考えれば、天板が結晶化ガラスで凹凸のないIHクッキングヒーターがお薦め。凹凸がない分、近くに調味料などを置いてしまうことがあるが、油が飛び散るので、コンロ廻りにはモノを放置するのは避けよう

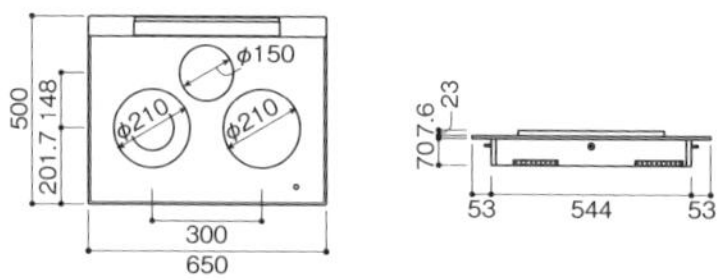

ガスコンロはシンプルな仕上げが◎

エンボス加工のように凹凸の多いタイプは掃除の手間が増えるので、シンプルな仕上げのものがよい。掃除のときは五徳を取り外し、凹凸のない状態にしてからとりかかる。ガスの吹き出し口に水がかからないように注意

rule
3

洗った食器はすぐに拭いて
シンクの輝きをキープ

シンクは、汚れやにおいの要因を溜めこまなければ、掃除も難しくありません。まずは食事が終わったらすぐ食器を洗い、収納することを習慣にしましょう。コーナーがピン角のものはスタイリッシュですが、汚れが溜まりやすいので清掃性からは不利です。

◯ 清潔を保てるシンク廻りの設え

対面キッチンは立ち上がりをつくる

対面キッチンの場合、リビング・ダイニング側に水が飛んでしまうと、掃除が増える。シンク廻りは立上りを150㎜以上設け、水や汚れが飛散する範囲を最小限にする

シンク深さは150㎜以上に

深さが150㎜未満のシンクは、通常の家事でも水跳ねが広範囲になりかねないので要注意。また、洗剤とスポンジを置くポケットは、清掃性を考慮すると、シンクと一体型がお薦め

カウンター一体型は奥行きに注意

シンクがカウンターと一体になっている場合、どちらからも手が届かくように、シンク部分・カウンター部分を合わせた奥行きは最大でも1,200㎜以内に抑える

暮らしをワンランクアップ!

キッチン家電は
こまめに拭き掃除

ダイニングテーブルや調理台は毎日拭いているのに、家電製品はなかなか掃除しない人が多いもの。毎日触れる冷蔵庫には確実に手垢がつき、電子レンジの中には油が飛んでいます。汚れに気づいたらすぐに拭くことを習慣づけ、定期的に大掃除するのが家電を長持ちさせる秘訣です。

家電	メンテナンス
冷蔵庫	取手部分は毎日拭く。月に1回は冷蔵庫全体を水拭き→から拭きする。冷蔵庫の中棚なども、半年に1回は取り出して洗う
炊飯器	使用後は毎回炊飯器全体を、表面・内側ともに水拭き→から拭きして、清潔に保つ
電子レンジ	皿は使う度に取り出して、汚れを拭きとるのが理想。内側の汚れがひどい場合は、濡らした布巾を入れ、30秒を目安に加熱(500Wの場合)。汚れが浮いたところを拭く

掃除のプロ直伝!

トイレの清潔の鍵は便器だけにあらず!

美「魔女」のトイレ?

トイレ掃除というと便器の掃除がメインになりがちです。しかし、清潔を保つには収納棚や壁、手洗い器、ノブ、便器、床……というように、「上から下、奥から手前」を意識して、要領よく掃除していく必要があります。特に、トイレの壁は想像以上に汚れています。汚れを拭き取りやすい素材を選択し、掃除の手間を減らしましょう。さらに、トイレに手洗い器は設けず、洗面室を近くに配置しそこで手を洗うようにすると、手洗い器や床・壁の掃除の手間も省けます。

(監修:ミッシェル・ホームサービス)

rule 1

壁材は撥水性、床材は防水・耐アンモニア性がポイント

トイレの壁は、床からペーパーホルダーの高さ（およそ700 ～ 800㎜）までの範囲は、尿跳ねによる汚れがつくものと想定しておきましょう。そのため、清掃性を重視した素材選びが大切。手洗い器を設置する場合は、特に撥水性の高い素材を選びましょう。最も尿跳ねしやすい床は防水・耐アンモニア性の素材がお薦めです。

トイレの壁の掃除方法

壁紙は素材に注意

壁紙にするなら塩化ビニル系樹脂クロス※1など撥水性の高いものを選択したい。紙や和紙製の壁紙は水に弱くシミができやすいうえ、雑巾などで拭けない場合もある。採用する場合は、水が直接つきにくい位置に限定する

拭き掃除はコの「字」に

壁には、例えば撥水性の高い「ハイドロセラ・ウォール」（TOTO）のようなセラミックパネルなどがお薦め。傷や汚れが付きにくく、お手入れしやすい。壁を拭く際は「コ」の字を書くようにするとムラなく拭ける

トイレの床の掃除方法

フローリングは防水加工処理が必須

フローリングの場合は、必ず表面を防水加工処理したものを使用する。例えば「エクオスファイン」（大建工業）は水漏れにも強くペット対応の床材で、木目の自然な風合いを楽しめる

奥から手前に拭いていく

床を拭き掃除する際は、奥から拭き始め、後ずさりするように拭いていくと無駄がない。塩化ビニル床※2は、撥水性に優れ、汚れもつきにくい。床のカビの発生や繁殖も防ぐ防カビ効果が施されたものも

※1拭き取りやすさのほかに「住まいの壁紙100選～2020 WVC686」（東リ）など、汚れ防止や消臭機能があるものを選びたい
※2「エルワイタイル プリエ LYT83472」（リリカラ）表面クリア塗装が施されており、耐摩擦製に優れている。汚れにも強い

rule 2

洗面台をフラットにして掃除をスムーズに

トイレの手洗い器はサイズが小さく、水が跳ねやすいので、トイレ内に手洗い器は設けずトイレのすぐ近くに洗面室を配置するほうが掃除は楽になります。洗面台は、凹凸のない平滑なもののほうが、掃除しやすくお薦めです。

◯ 洗面台の形状と掃除のしやすさ

○

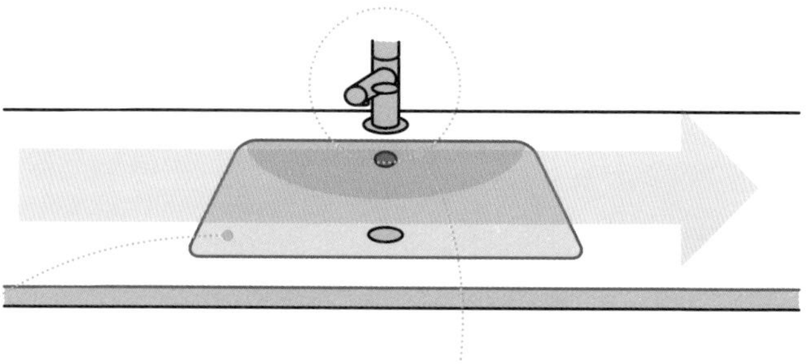

凹凸が少ない洗面台が◎

カウンターを掘り込んだようにフラットな形状の洗面台は、凸凹が少ないため拭き掃除が簡単。小さな子どもでも手が届きやすいというメリットも

蛇口廻りの凹凸は汚れのもと

蛇口廻りに凹凸がないと、水が溜らず汚れもつきにくくなる。蛇口と壁の間など、狭い場所も簡単に拭き掃除できる

×

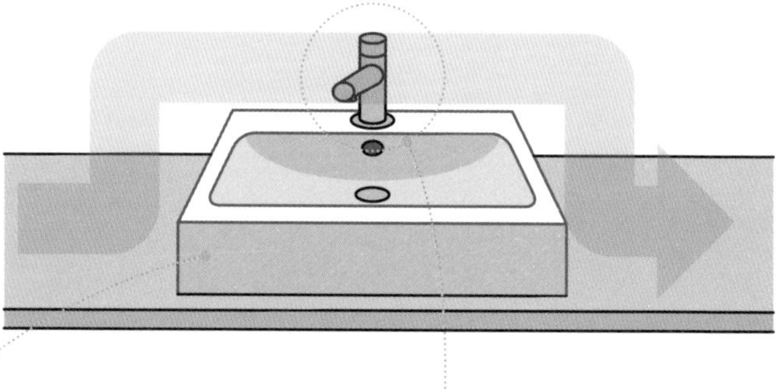

ベッセル型は拭き掃除しにくい

カウンターの上にボウルを設置するベッセル型は、凹凸が大きく、拭き掃除がしにくい。また、通常の洗面台よりも高くなるため、子どもにとっては使いにくく、水が洗面台の外に飛び散ってしまうことも

壁付けタイプの水栓は要注意

蛇口の付け根の周囲は、洗面ボウルがあると立上がりが邪魔になり、掃除しにくい。壁付けタイプの水栓を選ぶ場合は、掃除のため洗面ボウルと壁の間に手が入るスペースを確保する

rule 3

掃除用具とストックを分けて収納する

トイレ掃除に必要な道具は、トイレブラシとトイレ用クリーナー、雑巾2枚、マイクロファイバークロスの計5点。しかし、トイレットペーパーなど直接肌に触れる物を、トイレ掃除用具などと一緒に置くのは気持ちがよくないので、トイレットペーパーとは別々の場所にしまえるようにしましょう。

○ 掃除も快適なトイレ収納

掃除道具は立てて収納

トイレの掃除用具は、ブラシなどをそのまま立ててしまえるのが理想的。衛生的であるとともに、パッと取り出せるのでこまめな掃除を習慣化しやすい

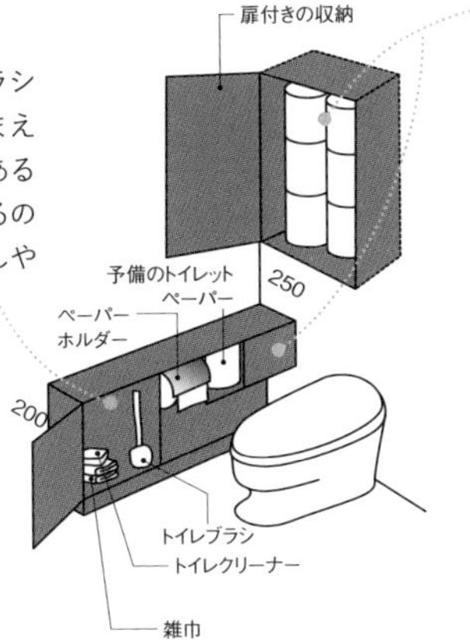

ストック用と補充用を設置

トイレットペーパーは6ロールで約220×110×345㎜。どのくらいストックしたいかに応じて収納の大きさを決める。扉付きならほこりをかぶらず衛生的。また、便座に座ったまま補充できる位置に1つ分の収納スペースがあると便利

暮らしをワンランクアップ!

光る部分を重点的に磨く

空間のきれいさを印象づけるポイントは、「光沢感のあるところが光っている」こと。ステンレスや鏡がピカピカと光っていれば、部屋の格が上がるので、鏡を設けたり、ペーパーホルダーをステンレス製にするのがお勧めです。雑巾で汚れを取った後、マイクロファイバークロスで仕上げ磨きすればピカピカに。

トイレ

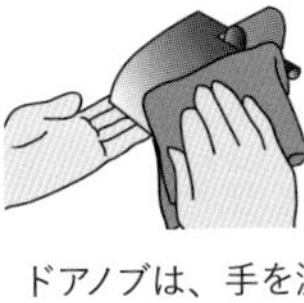

ドアノブは、手を洗う前に触れることも多いので、消毒したうえでマイクロファイバーで磨く。トイレ内に手洗い器がある場合は、蛇口も同様に

洗面台

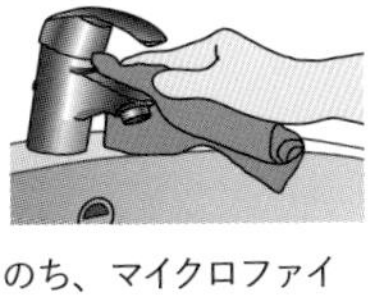

鏡は水拭きをしたのち、マイクロファイバークロスで仕上げる。蛇口はブラシで汚れを落とし、水拭き後にマイクロファイバークロスで磨く

掃除のプロ直伝！

きれいな浴室は素材選び＆換気が命！

風呂場論争

新築の風呂は気持ちいいな〜。本当にリラックスできるのはここだけだな……
最後にお風呂の中をシャワーで流してから出てって言ったでしょ!? 掃除のプロさんからも言ってやって下さい！
あら〜
す、すみません…忘れてました…
いつの間に?!
何度言っても聞いてくれないんですよ〜
換気は重要なんですよ〜
すいません…
そ、それは…
こうならないように、掃除はきちんとしましょうね！
これは僕のではない！

浴室全体を毎日洗うのは大変です。シャワー廻りに比べ浴槽周辺は汚れにくいので、日々の掃除は、浴槽より30㎝ほど上、目の高さくらいまでをシャワーで流せば十分です。最後に吸水クロスを使って水分を取り除けばきれいに仕上がり、カビ防止もできます。浴室掃除の重要ポイントは「湿気を取り除くこと」。浴室を使用した後は、必ず換気するようにしましょう。汚れが溜まりにくい仕上げ・設えとして、開口部を設けるのが理想的です。

（監修：ミッシェル・ホームサービス）

rule 1

入浴後は必ず換気して水分を残さない

浴室をきれいに保つには、換気が必須。浴室はシャワーを使って丸洗いできますが、その水分も、そのままにしておくと水垢やカビの原因になります。換気扇のみで換気する場合、浴室の使用後最低でも4～5時間必要ですが、窓があれば、季節によって違いはあるものの、換気に必要な時間を半分程度に短縮できます。

○ 効率よく換気できる浴室のポイント

シンプルな窓がベスト

出窓やジャロジー窓としたり、ブラインドを付けたりすると、かえって汚れ・カビの原因をつくってしまう。採光も換気もできるシンプルな窓が理想

ワイパーで拭き取る

賃貸で浴室に開口部がない場合、新築でも配置によって開口部をつくれない場合は、入浴後に少しでも水分をとるように心がける。壁面や鏡・扉に冷水をシャワーしてから、ワイパーで水分を拭きとるとよい

rule 2

床は明るい色の仕上げにする

浴室の床は、汚れや水垢が目立たない白など明るい色の仕上げがお勧めです。特にタイル張りは目地が汚れやすいので、黒など水垢が目立つ色のタイルは避けるのが◎。浴室で硬水を使用すると水垢が残りやすく、水はけが悪い部分がカルキで白くなりやすいので、地下水を浴室で使用する場合や、温泉地付近の住宅の場合は特に配慮が必要です。

○ きれいに保てる浴室の床・壁の特徴

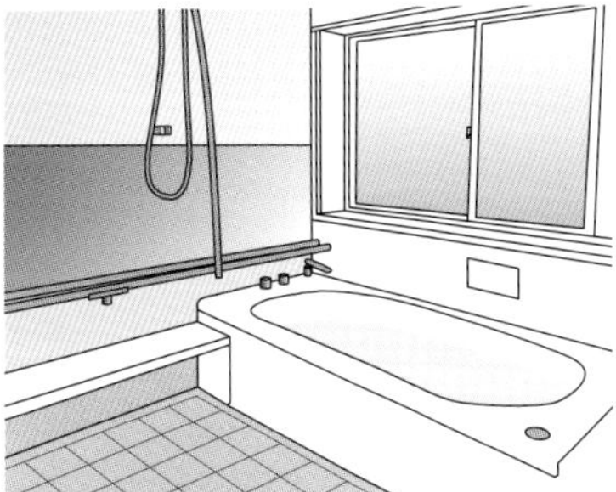

壁のタイルは避ける

メンテナンスを考えると、壁面でのタイルの採用は望ましくない。また、陶磁器タイルの目地やコンクリート床は、カビやコケ類による汚れ、黒ずみが発生してしまう。採用する場合はデメリットを把握しておこう

rule 3

見えない位置の汚れに注意

シャンプーなどの小物を浴室に置いておくと、どうしても本体の底や置いていた棚が汚れます。また、鏡の上端や高い位置（床から1,600㎜以上）にある棚は汚れていても気がつきにくく、汚れが溜まりがち。鏡や棚の配置はできるだけ低くして、汚れたらすぐ目につくようにしましょう。

○ 掃除のしやすい浴室の設え

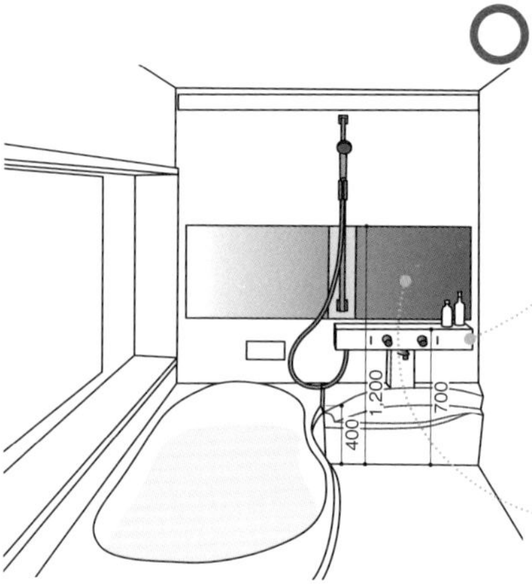

棚は最小限にする

浴室の棚は汚れやぬめりが気になる。棚に置いておくモノを極力減らすために、棚自体を最小限に抑えるのも一手。取り付け高さを座っても棚の上面が見える位置にすれば、汚れにすぐに気づける

鏡は低め or 横向きに設置

鏡の大きさや取り付け位置によっては、上端の汚れが目につきにくく、汚れが溜まりやすくなる。鏡の高さを抑えたり、取り付ける向きを横向きにしたりすることで、鏡の上端が見下ろせるようにする。長辺が1,000㎜以上の鏡を縦向きに設置した場合は、汚れを目視するのが難しい。定期的な掃除を意識づけよう

高い位置の棚は取り外しできるものに

3辺に立上りのある棚は、水が溜まるので、毎日掃除が必要になる。さらに、棚が高い位置にある棚はモノを取りづらいので、使わなくなることが多い。どうしても高い位置に棚を設けるなら、取り外せるものがよい

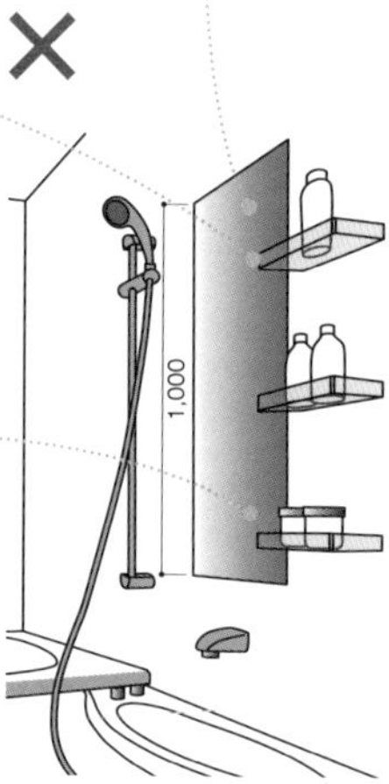

使用頻度の低いものは浴室外へ

小物は棚に置いておくだけでも、ぬめりや汚れの原因をつくってしまう。ボディスクラブなど毎日使うわけではないモノは特に、浴室ではなく洗面室に収納場所を設け、使うときだけ浴室に持ち込む

暮らしをワンランクアップ！

浴室をキレイに保つ日々のメンテナンス

浴室は１日の疲れをとる場所。人目に触れる場所ではないが、自分自身が気持ちよく過ごせるようにしておきたいものです。また、どんなに汚れにくい設えや仕上げの浴室でも、掃除しなければきれいに保つことはできません。ここでは、居心地のよい浴室をつくるための掃除のポイントを紹介します。

ポイント①

洗剤はスポンジに出す

洗剤は直接吹き付けるのではなく、スポンジに含ませる。これにより、液ダレによるムラや変色を防げる

ポイント②

小物もこすり洗いする

掃除をするときは、小物はすべて浴室から出す。戻す際、小物それぞれも、風呂用洗剤をつけたスポンジでこすり洗いする

ポイント③

ぬめりやピンク汚れはカビ用洗剤で

排水口のぬめりはカビ用洗剤で落とす。排水口に直接吹き付け、しばらく置いてから流す。浴槽のきわなどのピンク汚れは、ブラシにカビ用洗剤をつけて磨く

ポイント④

壁は「コ」の字に洗う

壁は、スポンジに風呂用洗剤をつけて泡立て、高いところから洗いはじめる。手の届く範囲ごとにコの字を描くように洗う方法が、最も効率的

掃除のプロ直伝！

来客からの印象がアップするきれいな外廻りの保ち方

居室やキッチン、トイレなど、普段から掃除をする場所は清掃性を意識しやすいのですが、ベランダや外壁、窓、玄関などは、そのことを忘れがち。家を隅々まできれいに保つには、こういった場所の清掃性も考慮し、素材や仕様を検討しましょう。特に、「家の顔」となる玄関が汚れていては、来客に対して不潔な印象を与えてしまいます。玄関の設えは、まずは靴が出しっぱなしにならないよう下足入れを十分に確保し、さらに床や壁の清掃性も考慮することが重要です。

マッチングが重要！

ここに住み始めて20年……外壁も汚れてきたわねぇ
なんでも激落ち！今ならもう1本プレゼント！
激おち
すごそうでしょ♡
通販でこんなのあったから買っちゃった！試しに外壁掃除に使ってみてよ
怪しい…
それ大丈夫か？
激おち
壁に使える洗剤でもバルコニーの床には適さないことがあるんですよ！外壁とバルコニーの床はマッチングが重要なんです！
また出た！掃除のプロさん！
わたしたちのマッチングはバッチリね…
そうだな…
適さない場合もあるけどな…
それでは失礼いたします！

（監修：ミッシェル・ホームサービス）

rule 1

外装材とバルコニーの床材はセットで考える

外装材は清掃性に考慮して選び、その外壁とつながるバルコニーの床材の掃除方法も同時に検討しておきましょう。外壁の掃除に使おうとした洗剤が、バルコニーの床材の種類によっては使えないこともあり得るからです。外装材用の洗剤は中性・アルカリ性・酸性の主に3種類。素材との相性を確認しましょう。

バルコニーの壁材と床材のメンテナンス方法

窯業系は食器用洗剤が効果的

窯業系サイディングは、凹凸が少なく、表面は汚れにくいが、目地が汚れやすい。清掃方法としては、水洗い、もしくは食器用洗剤などを用いて布でこするなどの方法がある

金属系は高い圧力をかけない

金属系の外装材に高圧洗浄機を使用してはいけない。圧力によって崩れたり凹んだりする可能性があるからだ。ホースで水をかけながら、柔らかいブラシなどで汚れを落とす

FRPは掃き掃除+水拭き

FRP防水仕上げの床は、ほこりをホウキで掃き、雑巾で水拭きするだけでよい。集合住宅では、漏水に配慮して、洗剤を使用したり大量の水を流してはいけない

天然木は優しく水洗い

天然木製のウッドデッキは、水洗いが基本。デッキブラシなどで、優しくこする。樹脂製や人工木材を使用しているウッドデッキには、中性洗剤を用いてもよい

外装材と床の洗剤の使用の可否※1

〈アルカリ性洗剤〉

	ウッドデッキ（樹脂・人工木材）	ウッドデッキ（天然木）	FRP防水
窯業系サイディング	○	○	○
金属板	○	×	○
吹付け	○	×	○
塗り壁	○	×	○

〈酸性洗剤〉

	ウッドデッキ（樹脂・人工木材）	ウッドデッキ（天然木）	FRP防水
窯業系サイディング	○	×	○
金属板	○	×	○
吹付け	○	×	○
塗り壁	×	×	○

外装材に使用するアルカリ性・酸性の洗剤は、天然の木材に使用するとシミの原因になるので使用を控える。塗り壁の1種・漆喰はアルカリ性なので、酸性の洗剤は不可。なお、中性洗剤は、基本的には全仕上げ材で使える。使用する場合は水で薄める。ただし、液性が中性でも、強い溶剤が含まれる場合は使用を控える

※1 引違い窓はクレセント（召し合わせ部分）が大きすぎると、窓拭きしにくくなる。また、框に隠れるタイプだと、外からクレセントの位置が分からないため防犯上有利になる

rule 2

窓ごとの「掃除の弱点」を把握する

窓は、放っておくとガラス面だけでなくサッシなどに土や砂などの汚れが溜まってしまいます。サッシ部分も定期的に掃除できるようにしたい。また、2 階の大きな掃出し窓を掃除するには、バルコニーに水栓があると便利。バルコニーに水栓がないと、室内の水栓にホースをつなげることになりますが、凝ったデザインの場合は高圧洗浄機などの機器を取り付けられないことも。

◯ 窓の種類と清掃性

窓の種類		清掃性
腰窓 (引き違い)	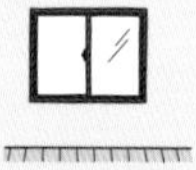	1 階にある腰窓なら、外部から窓を拭けるので問題ないが、2 階の窓は片手が届く範囲に掃除できる部分が限られてしまうので、幅の寸法に注意する
掃き出し窓 (引き違い)		掃出し窓は、ベランダがあったり内側からも外側からも窓が拭けるため、2 階に設けることが多く、清掃性が高い
2 重サッシ (引き違い)	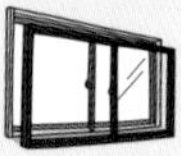	2 重サッシは断熱性に優れるが、ガラス面が余計に増えるため、掃除の手間がかかる
FIX 窓		採光や眺望のみを目的とした FIX 窓(はめ殺し窓)は、高い位置に設けると足場を組まない限り外面の掃除ができないため、足場がある場所に設置する
ルーバー窓		羽根状のガラスを回転させて開閉する。トイレや浴室などの水廻りに多く使用される。防犯上は不利。また、ガラス同士が重なっている部分が多いため、ほこりがたまりやすい
外倒し窓		火災時の排煙窓として設置される。開口部が狭いため、外側の面を掃除するときは外部から掃除をしなければならない。足場がある位置に設置する
内倒し窓		主に換気窓として設置される。外側の面は、開いた隙間から手を差し入れて、手が届く範囲を考慮し、400 × 400㎜程度とする
縦辷《すべ》り出し窓		縦辷り出し窓は換気が効率的にできる。幅が大きいと手が届かない範囲がでてくるので幅 500 ～ 600㎜以下のものを採用する
出窓		出窓の中央の窓は FIX とすることが一般的。2 階に設置した出窓は中央部分の幅が広すぎると、外側の面を掃除するときに、両側の開き扉から手が届かない範囲が出てきてしまう。出窓はなるべく 1 階に設置したい

網戸の種類と清掃性

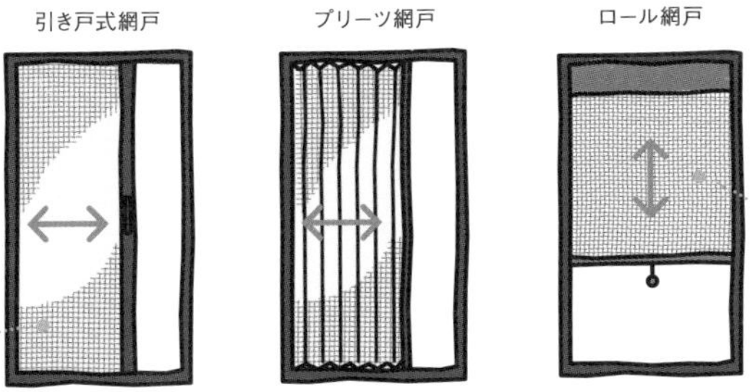

ほこりが多い状態で水拭きしない

網戸は水洗いできる、取り外し可能なタイプ（引き戸式網戸など）がお薦め。ほこりが付いている状態で水拭きすると、網にほこりが絡み、ほこりが取れにくくなる。ほこりが多い場合は、掃除機に専用のブラシを装着し、網戸に優しく当ててほこりを吸い込み、その後に布で拭く

取り外しできないタイプは水拭き

プリーツ網戸やロール網戸は取り外すのが困難。プリーツ網戸は、バケツに水と中性洗剤を入れて布に染み込ませ、少し水が垂れる位の状態で、優しく撫でるように拭く。ロール網戸は水拭きが基本。落ちない場合は中性洗剤を使う

rule 3

玄関は汚れやすい場所をあらかじめ把握

玄関は靴を脱ぐ場所のため、汚れが溜まりがちです。普段は床の掃き掃除だけで十分ですが､水拭きをするとよりきれいになります。また、玄関の壁も、靴を脱ぎ履きする際に手をつくため、汚れやすい場所です。清掃性の高い腰壁を設けたり、玄関の壁をタイルなどにして汚れを防ぎましょう。

玄関の汚れやすいポイント

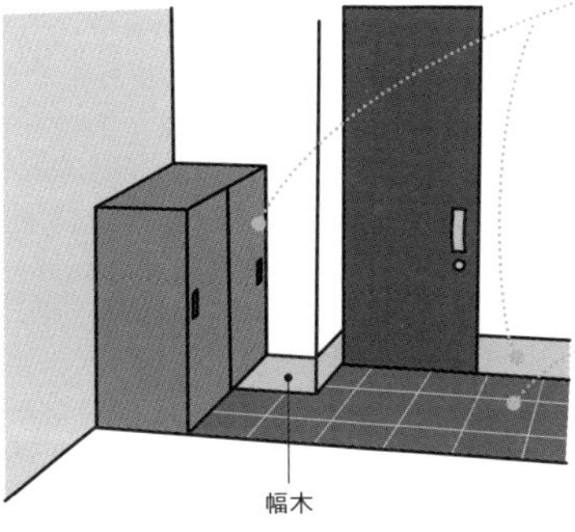

幅木で汚れを防ぐ

玄関幅木は150㎜程度と高さを十分に設ける。出の部分が大きいとほこりが溜まるため、出しすぎないほうがよい。また、下足入れの足元が浮いていると、ついそこに靴を入れてしまい、その結果ほこりが溜まりやすくなるので要注意

タイルの目地は最小に

タイルは目地が汚れやすい。割付を大きくし、目地を減らすか、目地のないタイルを採用する。また、モルタルの場合は水拭きができない

お気に入りの革靴を長もちさせる秘訣

すっかり日本人の生活に浸透した革靴ですが、管理に対する意識はまだまだ低いのが現状です。身もフタもないことを言えば、湿気に弱い革靴を薄暗い玄関で保管すること自体、大きな問題です。靴は本来、欧米のように、室温調整された居室やクロークで収納するのが理想。しかし、室内では靴を脱ぐ習慣のある日本でそれを実現するのは難しいのが現実です。日本の住環境でも無理せずに取り入れられる、革靴を長もちさせる収納・保管の秘訣をお教えします。

“箱入り”収納は逆効果

下足入れに収まらない、あるいは大切にするあまり、買った時の箱に入れて保存している人も少なくない。革靴は必ず箱から出してシューズキーパーを入れて保管しよう。見せる収納を設けられれば、靴好きの人にも靴にもいいことずくめだ。また、下足入れの内部に小型の換気扇を設置すると湿気がこもらなくなる。戸の前面は空気が循環しやすいルーバー状が基本。また、材質も湿度を調整してくれる木材がお薦めだ

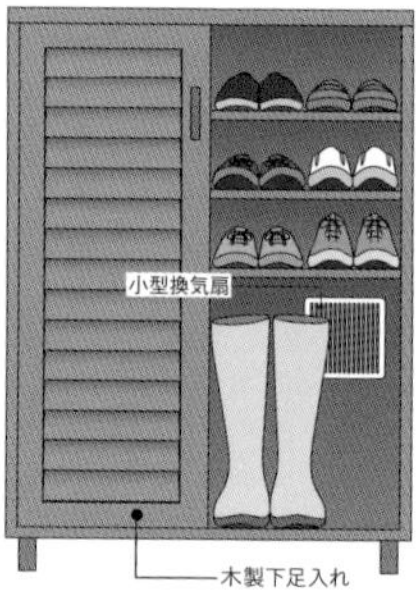

小型換気扇
木製下足入れ

靴の収納3大NGを避ける

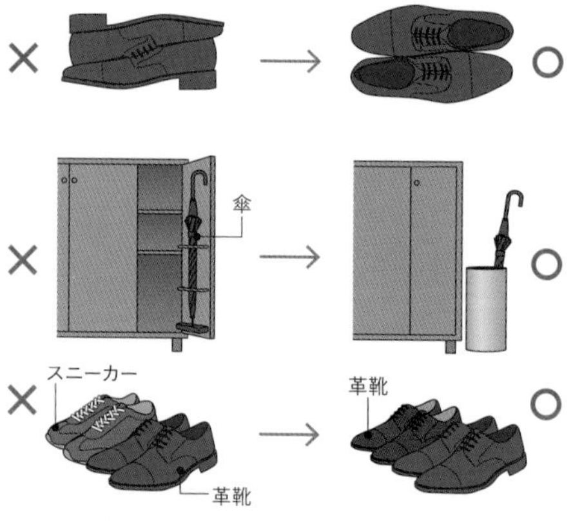

傘
スニーカー
革靴
革靴

靴の収納スペースは広いほうがよいが、ほかの部屋との兼ね合いから難しいケースも多い。とはいえ、重ね置きは靴を傷めるため絶対にNG。靴を前後で互いに違いに置くと効率的。また、下足入れに傘を入れるのは湿気が籠るので、傘入れは別に用意する。革靴より乾きにくいスニーカーと並べると、湿気が籠ってしまうこともあるので棚を分けるのがベスト

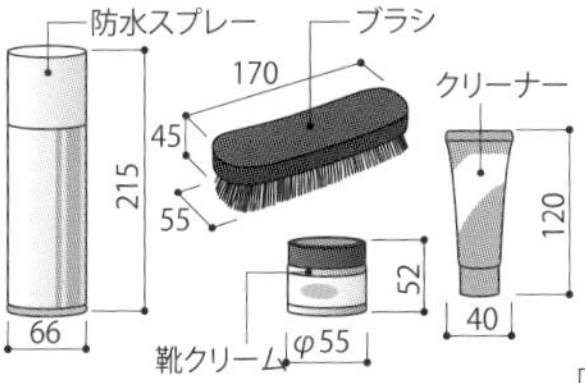

防水スプレー
ブラシ
170
45
55
215
66
クリーナー
120
40
52
靴クリーム
φ55

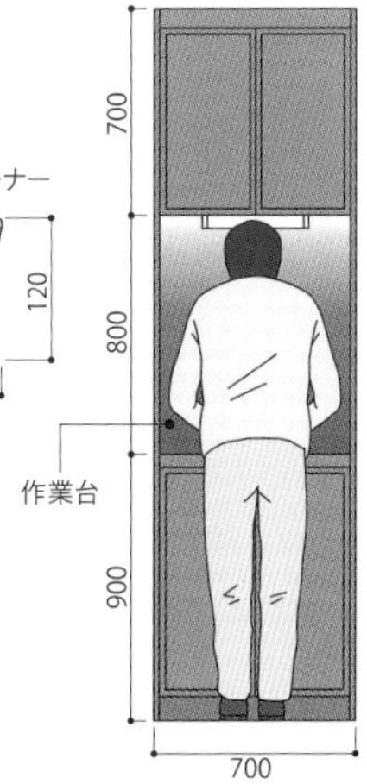

700
800
900
作業台
700

日々のお手入れグッズをそろえる

メンテナンスとリペアさえ怠らなければ、何十年と履き続けられるのが革靴の魅力だ。しかし、日々の手入れと定期的な修理を怠れば、見た目に悪いだけでなく、つま先やヒールの摩耗によって足に負担がかかり、健康を害するおそれもある。重要なのは、毎日、靴の状態を目の高さで確認すること。上から見るだけでは分からない傷みが見つけやすくなる。靴棚の付近に作業台と手入れ道具の収納がそろっていれば完璧。作業台は腰くらいの高さが理想

毎日行うお手入れの方法

コバ

靴本体と底の境目部分（通称コバ）は汚れやすい。また、ここが傷むと水も侵入しやすくなる。履き終わる度にブラッシングするとよい

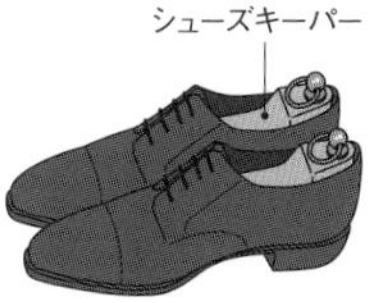

シューズキーパー

一日履いた靴は汚れをとり、湿気の少ない場所で乾かす。その際、吸湿性のある木製のシューズキーパーを入れるとかたちも崩れず、湿気も取り除ける

雨の日に使用した靴は、靴底を浮かすようにして置いておくと乾きやすい

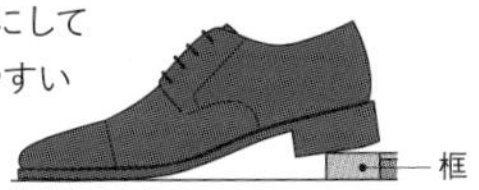

框

4人家族に必要な収納スペース

1日中履いた靴のなかは、実は大量の汗（夏場はコップ1杯分とも言われる）が浸み込み、雑菌が繁殖している。そのまま履き続けては不衛生なので、3～5足の靴を2～3日おきに履くのが理想的だ。1足の靴に必要なスペースは高さ200×幅250×奥行350㎜をベースに考える。例えば4人家族の場合は下のとおり

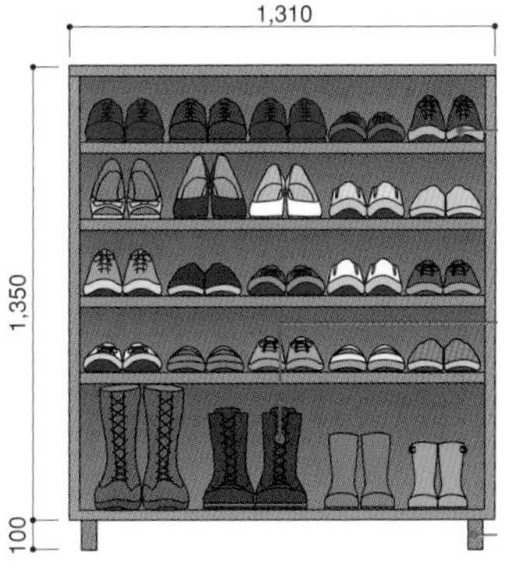

1,310
1,350
100

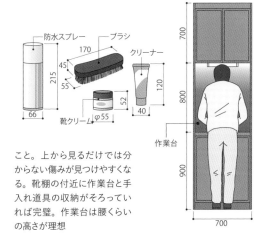

第2章 心も身体も健やかに暮らす

この章では食を楽しむためのキッチンの工夫や安全に入浴できる浴室の設えなど、身体の健康を保つための知恵を紹介します。心の健康も同じくらい大切！　心を元気にしてくれる観葉植物との暮らし方も必見です。

「どうしたい？」が見える
チェックリスト

心と身体の健康 編

check

- [ ] 人に料理をふるまうのは好き？

→ P. 68 ~ 71

- [ ] 料理は作り置きすることが多い？

→ P. 72 ~ 75

- [ ] 料理の盛り付けまで意識できている？

→ P. 76 ~ 79

- [ ] 家でお酒をたしなむ？

→ P. 80 ~ 83

- [ ] 入浴で疲れはとれている？

→ P. 84 ~ 93

- [ ] グリーンのある暮らしが好き？

→ P. 94 ~ 101

炊事のプロ直伝！

コンパクトでもホームパーティーができるキッチンの設え

「マイホームに人を招いてホームパーティー」という憧れをもつ人は少なくないはず。コンパクトなキッチンでも、複数人が作業できる効率よい配置にすれば、特別な設備がなくても10人程度のパーティーを実現できます。ここでは、大人数分の調理も効率よくこなせる設備の選び方や配置の工夫を紹介します。ホームパーティー仕様のキッチン＝だれもが使いやすいキッチンなので、パーティーの予定がない人も必見です！

ホームパーティーマジック

ホームパーティーするような家はやっぱりおしゃれね～
パリーーン!!!
大丈夫ですか？
けがはないですか？
ごめんなさい 私は平気…… でもこの高そうなグラスが……
これ実は100均のアイテムなんです ほかにも便利なので活用しているんですよ
意外と分からないでしょ？
みんな楽しそうだけど… 料理も楽しんでほしいな……
これあやしいな…
これもかな？
？
まさかこれも…？
みんなどうしたの？

rule 1

全面五徳はパーティー料理の強い味方

パーティーにぴったりなイタリア料理や中華料理では、「乳化させる」「からませる」など、鍋を振りながら素早くかき混ぜる作業が多数。このような鍋振り調理には、鍋をコンロから離しても加熱を維持できるガスコンロが最適。さらに、火からおろした鍋の一時置き場としても使える全面五徳なら、作業効率はグンとアップ。

○ ガスコンロのススメ

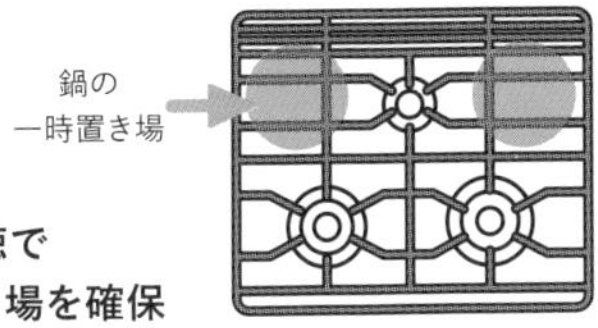

**全面五徳で
鍋の置き場を確保**

全面五徳は、コンロの上部全面が覆われたガスコンロ。調理中、鍋をいったん火源から外したり、余熱調理をしたりするときに、鍋を少しずらして置いておける。また、豪快に鍋ふりしてもずれる心配がないのもメリット

**イタリアンや
中華料理にはガスが◎**

家庭用コンロは主に IH とガス。掃除のしやすさなら IH に軍配があがるが、IH は鍋をコンロから離すと火力が維持できない。イタリア料理や中華料理を作る機会が多いなら、ガスコンロを選びたい

rule 2

調理と片付けの同時進行をかなえるのは、シンクの絶妙な配置

限られた食器や道具でホームパーティーをするには、調理と片付けを並行して行うことになる。食べ終わった食器は随時洗っていきたいが、シンクは次の料理の下ごしらえにも使うため、洗い物を一時的に置くスペースを確保すると便利。

○ シンクと作業台のベストな配置

**シンクの両隣に
作業スペースを設ける**

できあがった料理は、食べた後の皿などと同じ場所に置きたくないもの。シンクを中心に、まな板が置ける程度の作業スペースが 2 カ所あると、片付けと調理のスペースを分離できる

rule 3

回遊動線を確保すれば、複数人での作業もスムーズに

ホームパーティーを楽しみたいなら、冷蔵庫の位置やキッチン内の通路幅などは、複数人での使用を前提に設定しましょう。さらに、近年増えているキッチン家電の使いやすさにも気を配りたいもの。家電の数が多くなると、使うときだけ収納から取り出してコンセントを使用するので、抜き差ししやすい位置に電源があると便利。家電の十分な収納スペースも想定しておきましょう。

ストレスフリーなキッチンの工夫

冷蔵庫はどこからもアクセスしやすい位置に

冷蔵庫付近での“渋滞”を防ぐため、クローズドキッチンやペニンシュラ型キッチンの場合は、キッチンの入口そばに置く。キッチンの奥に冷蔵庫を隠す場合も、2 方向からのアクセスを確保しよう

作業台にコンセントが◎

キッチンの奥や隅の壁などにコンセントを設置すると、電源コードがほかのものと干渉して使い勝手が悪くなる。作業台にあればコンセントの差し替えも容易で、コードを引っかけることもなく、安全

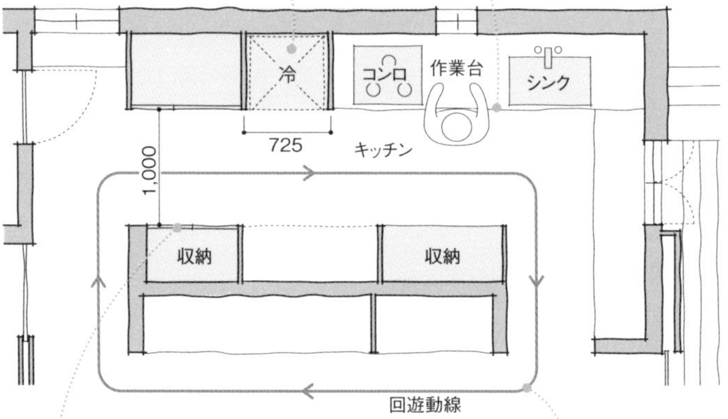

狭いキッチンこそ収納の扉は引戸が正解

キッチンを造作する場合、収納は引戸（引違い）にするとよい。場所をとらないうえ、戸の故障が少ないのがメリット。開け放しにできるので、頻繁に皿や家電を取り出すときは、こまめに戸を開閉する手間が省ける

行ったり来たりを最小限にする

食材を洗う→下ごしらえ→調理をスムーズに行うには、コンロとシンクは横に並べるのがベスト。また、両側からキッチンに入れる回遊動線を確保すれば、冷蔵庫やシンクなど、最短距離で目的の場所へ移動できる

暮らしをワンランクアップ！

ホームパーティーで役立つ便利アイテムをそろえよう

ホームパーティーを見据えるなら、食器類はなるべく同じ色や形のものをそろえ、カトラリーは 10 セットあると便利です。後から買い足すことも想定して、すぐに手に入るものを選ぶのがポイント。見栄えするだけでなく、重ねて収納しやすいというメリットもあります。ここでは、そろえて持ちたいおすすめ食器類を紹介します。収納スペースを確保するためには、それぞれの大きさも把握しておきましょう。また、取り皿などはシンプルなものに統一する一方で、料理をまとめて盛る大皿には作家ものなどを数点投入すると、テーブルの見栄えがさらによくなります。ちなみに、丸箸は転がってしまうのでパーティーには不向きです。

グラス

グラスは飲み口にこだわれば、よりおいしく感じる。イラストのグラスは木村硝子のもので、口当たりがよく丈夫。形やサイズのバリエーションも豊富だ。手頃な価格で数をそろえるなら、100 円ショップ「ダイソー」で購入できるヨーロッパ製「薄グラス」もおすすめ

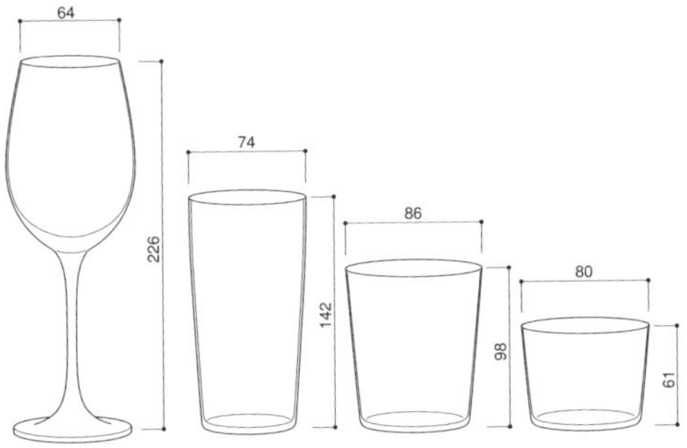

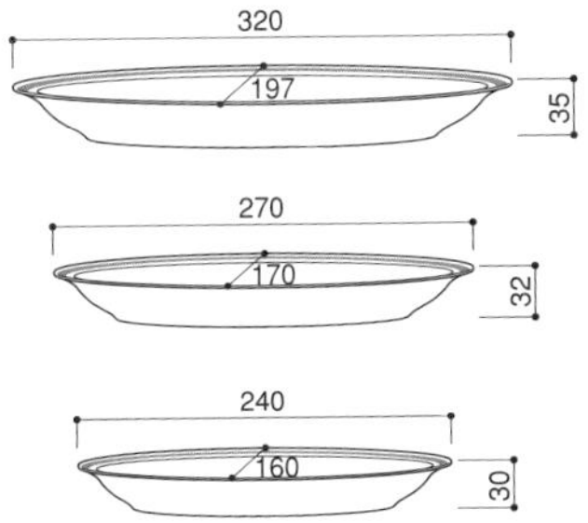

オーバル皿

洋食は白い皿との相性が抜群。とりわけおすすめなのは、収納しやすく、丸皿が並ぶ中でのアクセントにもなるオーバル型（楕円形）。安価でもよいが、気兼ねなく使える丈夫なものを選びたい。「Saturnia《サタルニア》」の食器は厚めで重いが、とても丈夫

スッカラ

スッカラ（韓国スプーン）は、持ち手の長さと浅いくぼみが特徴。味見をしたり、具材を混ぜたり、２本で取り分け用のサーバーとして使ったり――。食事はもちろん、調理から盛り付けまでさまざまなシーンで活躍する

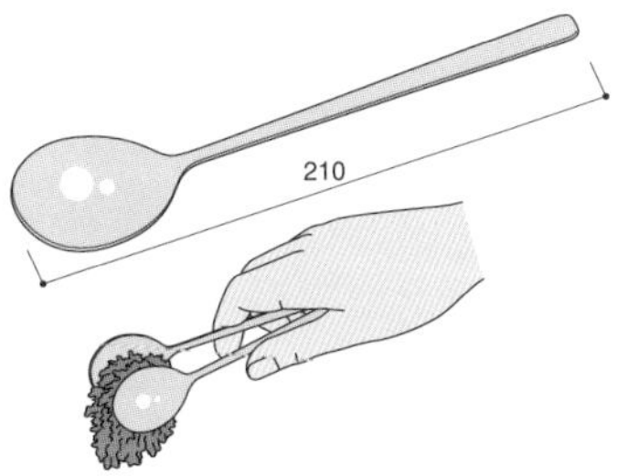

常備菜やお弁当づくりがはかどるキッチンの設え

炊事のプロ直伝！

常備菜があると、料理の品数を増やせて食卓が充実するだけでなく時短にもつながります。常備菜を活用してお弁当づくりが習慣になる人も多くいます。忙しい朝にもテキパキお弁当づくりが進むキッチンの工夫を紹介します。また、お弁当は朝につくって昼まで常温で保存するので、弁当箱を衛生的に保管することも重要です。特に「曲げわっぱ」※1は洗った後に通気のよい場所で十分に乾かせる場所を確保しましょう。

曲げわっぱとの上手な付き合い方？

あっこれこれ！お弁当にはやっぱり曲げわっぱよね！
気になってたし買ってみよー
今話題の！イチオシ!!
げわっぱ
使った後は風を当ててよく乾燥させてくださいね
8千円でございます
キッチンの窓辺なんかで！
あ、はい…
窓もないし、うちのキッチン狭いから乾かす場所もないしなぁ……
あっそうだ！
か、乾けばいいのよね…

※1 スギやヒノキなどの薄板を曲げてつくられている、円筒形の箱。米びつや弁当箱として使われることが多い

（監修：山本千織）

rule 1

お弁当づくりは作業用カウンターで

朝の慌しいなかでお弁当づくりを効率よくこなすには、キッチンとは別に作業用のカウンターがあると便利。カウンターの左右には通路を設けて回遊動線にすると、キッチン側からだけでなく、カウンターの向かい側からも作業ができます。

○ お弁当づくりがはかどる動線

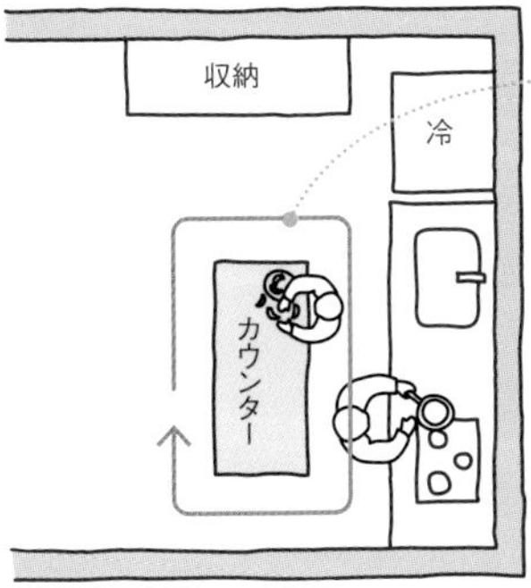

お弁当・朝食づくりを同時進行できる回遊動線

独立したカウンターの左右を空け、カウンターの周りをぐるりと一周できる動線をつくる。どこからでも作業のできるカウンターを設置することで、お弁当を詰める作業と同時に、食事をつくる作業を複数人で並行して行うことも

rule 2

お弁当グッズはパントリーにまとめる

常備菜は、一度につくる量が多いため、調味料の減りが早くなります。キッチンに置いておく分のほかに、ストックを収納しておけるパントリーがあると便利。お弁当づくりに必要なグッズも一緒に収納して置くと使い勝手抜群です。

○ パントリーに常備したいもの

フードプロセッサーを活用

お弁当のおかずをつくるときには、水分をなるべく減らすために、タレなどで味をつけるのではなく、フードプロセッサーで野菜をペースト状にしたものを使うのがお勧め[※2]。ただし、大きい製品だと177×248×350㎜にもなるので、キッチンに置くと邪魔になることも。パントリーに置いておき、使うときだけ取り出すようにしたい

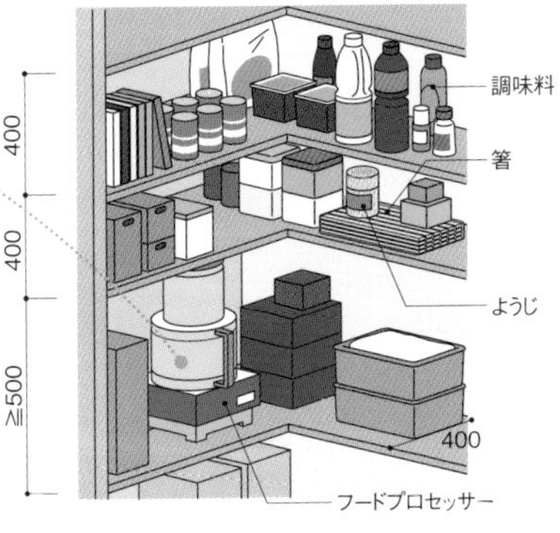

※2 具材の水分多いと菌が繁殖しやすいので、水分を抑えることが大切

rule 3

作り置きが多いなら、業務用冷蔵庫も選択肢

常備菜が多い場合は、容量が大きく、保冷性の高い業務用の冷蔵庫がお薦め。家庭用冷蔵庫は省エネのためにドアを開けると自動的に冷却機能が停止しますが、業務用はドアを開けっ放しにしても冷却機能はそのまま継続するため、保冷性に優れます。

業務用冷蔵庫の設置方法

保存袋やタッパーを活用

業務用冷蔵庫の内部は、家庭用とは異なり細かく分かれていないため、整理して収納するのが難しい。チャック式保存袋やタッパーを積み重ねるなどの工夫を

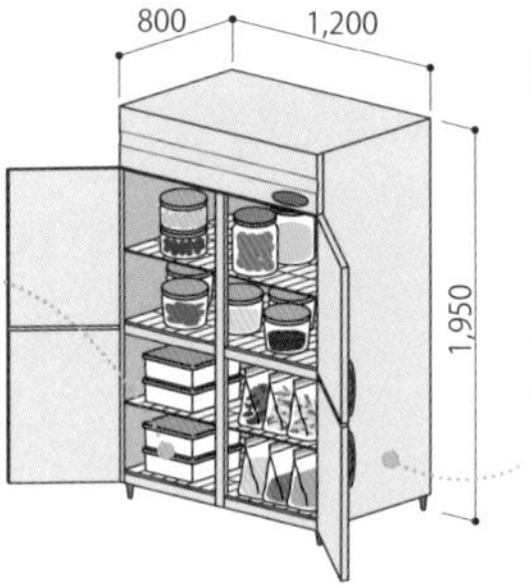

排水口を確保する

家庭用冷蔵庫は霜取りの排水を蒸発させて処理できるが、業務用の場合は排水口から排水する。そのため、縦型の業務用冷蔵庫を設置する場合、冷蔵庫付近に排水口が必要

rule 4

お弁当を乾かすスペースを確保する

近年、「曲げわっぱ」などの木材を使った弁当箱が人気。木がもつ調湿作用によって余分な水分が吸収されるため、冷めてもご飯がふっくらとしたままおいしく食べられます。しかし、乾燥不十分な状態で保管すると、すぐにカビやシミが発生します。洗浄後は風通しのよい場所でしっかりと乾かすことが重要です。

曲げわっぱのメンテナンス方法

出窓は最適な乾燥場所

キッチンの出窓は、弁当箱だけでなく、木製の食器を乾かす際にも重宝する。奥行きは、最低でも200㎜程度あるとよい。洗浄後の弁当箱は水分をしっかり拭きとった後、半日以上乾かす

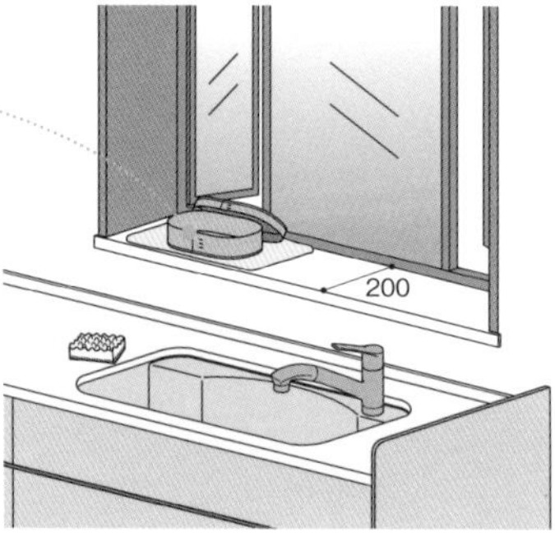

おいしそうに見えるお弁当の詰め方

お弁当を開けた瞬間に「おいしそう！」「ボリュームがある！」と思わせるには、具材で立体感をつくるのがコツ。全体のバランスを見て、野菜の茎などをアンコ※3として使いおかずを底上げすれば、ボリュームが出ます。また、お弁当を簡単に、きれいに詰めるにはお弁当箱の形状もポイント。長方形の弁当箱は、無駄なくきれいに詰められます。一方、円形の弁当箱は具材間に隙間ができやすく難易度高めです。

◎お弁当の詰め方のポイント

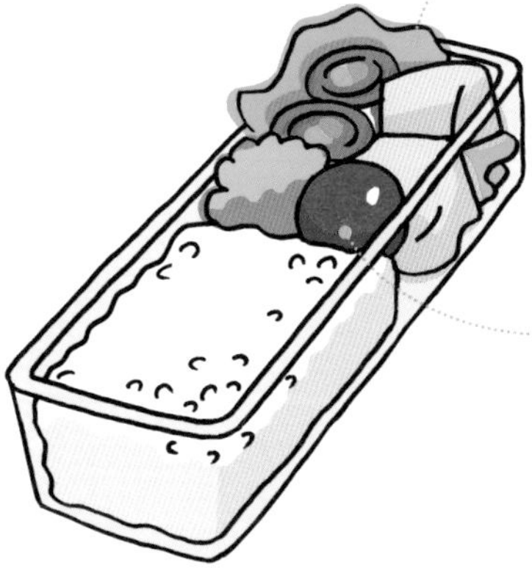

ポイント①

具材は少しはみ出すくらいがよい

捨てがちな野菜の茎をおかずの下に敷いて底上げをする。弁当箱から具材が少しはみ出るくらいが見た目にもおいしそうで、ずれにくい。アルミカップやホイルなどの代わりに、ハーブや野菜の葉を使うのも手。ウルイやゼンマイなどの尖った葉はアクセントになる

ポイント②

彩りの野菜やハーブを入れる

お弁当の見栄えには彩りが欠かせないが、プチトマトやブロッコリーなど定番にかたよりがち。そこでお薦めなのがハーブの花。特にフェンネルは、茎と葉の形状がまったく異なり、それだけでもバリエーション豊かになる。プランターでの栽培も可能※4

◎弁当箱の形状と詰め方のポイント

初心者は長方形がお薦め

弁当箱の奥から手前に向かって具材を詰める。幅の狭い長方形の弁当箱なら、空きをつくらずに弁当箱いっぱいに詰めやすい

円形は隙間を埋める食材を

曲げわっぱなどに多い円形の弁当箱は曲線部分に隙間ができやすい。その隙間を埋める具材（ちくわやチーズなど）を用意しよう

※3 具材の底上げや詰め物などに使われる食材のこと
※4 農薬が使われていることが多いため、花屋での購入は避ける

炊事のプロ直伝！

料理の完成度を上げる器の扱い方

お買い物は計画的に

たまには高級レストランで食事もいいわぁ〜奮発してよかった！
へえ〜木の器に料理を盛ると素敵ね！
木製の器はオシャレでオススメですよ
木製なので、シミにならないよう汚れはしっかり落とさないといけませんが…
それだけで大丈夫なんだ！
もっと大変だと思ってた…
帰りに探してみよう…
数日後…
あの店員さんが言ってた通り、木の器ってすてきだわぁ〜
〜♪
ん？
で――ん
ど、どうしよ…サイズまで考えてなかった……

料理をおいしそうに見せるためには、器選びや盛り付けも大切です。おいしそうに盛られた料理は、心も豊かにしてくれます。考えすぎず自由な発想で器選びを楽しみましょう。たとえば、アンティークのまな板や、オープンプレートも立派な器になります。また、「大皿」と呼ばれる大きな器があると、食卓が一気に賑やかになりお薦めです。ただし、洗うときや収納するときに困らないよう、家の設えに合わせて器を選びましょう。

rule 1

使用後はしっかり乾燥させる

器にはさまざまな素材があるが、保管の際、どんな素材にも共通して重要なのは、しっかりと乾燥させること。大きい木製の器はインパクトがあり、料理の見栄えもしてお薦めだが、乾燥が不十分だとカビや菌の温床となってしまうので特に注意が必要です。

○ 木製食器のメンテナンス法

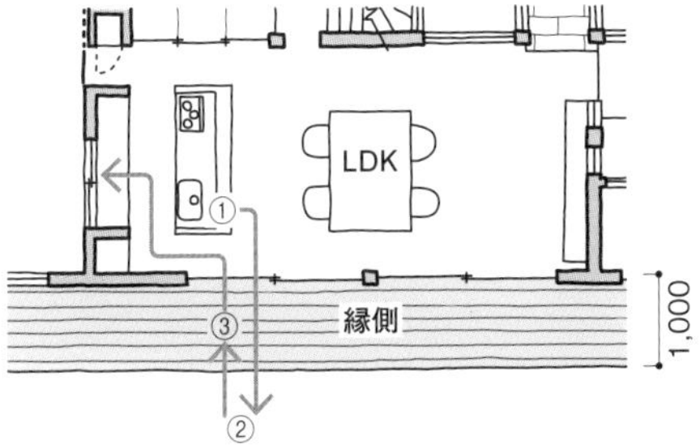

完全に乾くまで 2、3 日かかる

木製食器は使用後、以下の手順で手入れする。①汚れをキッチンペーパーなどで拭き取ったあと、洗剤で泡立てたスポンジでよく洗う、②屋外で半日ほど天日干しにする、③さらに室内（縁側など）で 2、3 日ほど乾かす。縁側は乾燥場所に最適

rule 2

大きな器を扱うにはシンクの大きさを確保

大きな器を洗うときは、シンクの底に器を安定させて置きたいもの。シンクの幅は、直径 300㎜の大皿でもすっぽりと収まるくらい大きいと使い勝手がよくなります。新築の場合は、使いたい大皿の直径を考慮してシンクの大きさを決めるのもよいでしょう。

○ 器のお手入れをしやすいシンクの設え

水返し付きが理想的

大きな器は洗うときに水が跳ねやすいので、シンクは水返し（リブ）つきのものがベスト。水返しがあれば、周辺に水が跳ねてもシンク内へ流れ込む

450 × 450㎜あれば大皿も楽々

幅と長さが 450㎜あれば、大皿よりもさらに大きいまな板やオーブンプレートなどを器として使う場合も洗いやすい。シンク内で立てて洗えるよう深さがあるとさらに便利

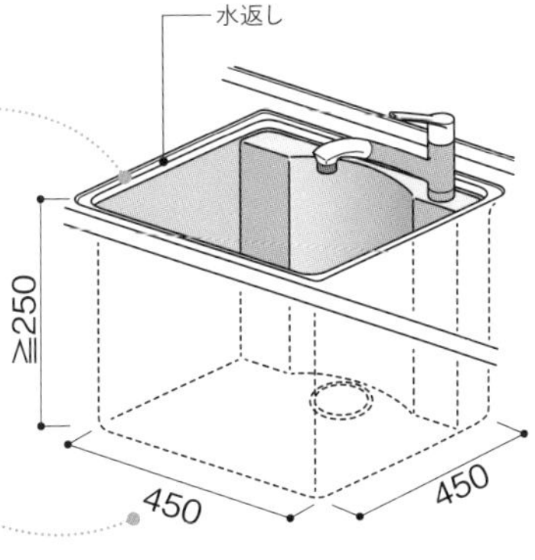

rule 3

器の大きさと重さに応じて居場所を決める

器の収納棚は幅と重量を考慮して造作するのが理想的です。まずは器の基本サイズを把握し、収納棚の幅を検討しましょう。また、素材によって厚みや重さが全く異なります。陶磁器と呼ばれる陶器・磁器・ガラス・強化ガラス・スレートなどは比較的重く、漆器やメラミン樹脂は、一般的に軽いものが多くなっています。最近人気のスレートプレートと呼ばれる石製の器など、重さのあるものは手の届かない高さに保管すると、取り出す際に危険です。

○ 和食器の基本サイズ

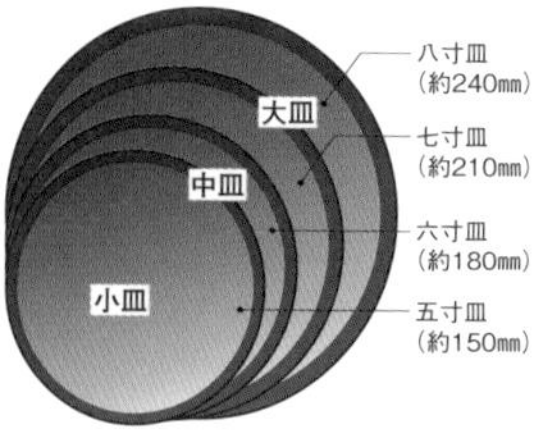

八寸皿
（約240㎜）
大皿
七寸皿
（約210㎜）
中皿
六寸皿
（約180㎜）
小皿
五寸皿
（約150㎜）

平皿の一寸は約 30㎜

和食器の平皿のサイズの単位は「寸（一寸は約 30.3㎜）」。八寸皿は 4 ～ 5 人分のメイン料理の盛り付け、七寸皿は 1 人分のメイン料理、六寸皿は小さめのサラダなどの盛り付け、五寸皿は取り皿にちょうどよい大きさ

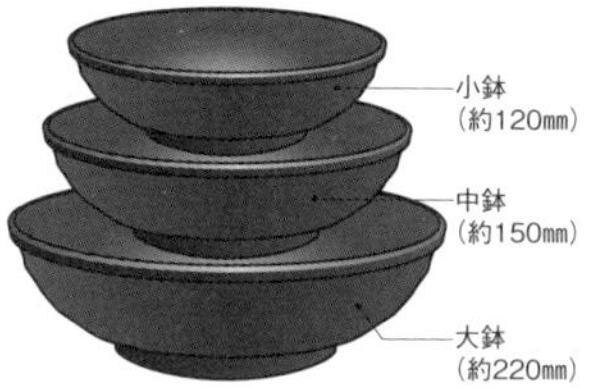

小鉢
（約120㎜）
中鉢
（約150㎜）
大鉢
（約220㎜）

浅鉢のサイズは主に 3 つ

鉢はおよそ大・中・小に分類される。大鉢は 4 人分の惣菜、中鉢は 2 人分の惣菜、小鉢は 1 人分の惣菜などを入れるのにちょうどよい大きさ

○ 食器棚の寸法と納め方のコツ

1,900
900

高さは 1900㎜程度までに

食器棚の高い位置は手が届きにくいため器を取り出す際に危険。背伸びをしなくても手の届く高さに棚を設置する。器は、同じ形のもの同士を重ねて収納するのが基本。陶器や木など軽い素材のものを上段に収納する

下段の棚は高さを十分にとる

下段の棚には足付きの器など背の高いものを置けるようにしたい。また、アンティークのまな板やオーブンプレートなど、大きいうえに重いものは下部の棚に収納し、安全に取り出せるようにする

おいしそう＆おしゃれな盛り付け術

料理をおいしそうに演出するのに欠かせない器。しかし、色や種類が無限にあり、「どの器にどんな料理を盛ったらいいのか」といった悩みの声もよく聞きます。ここでは、誰でもおいしそうに、しかもおしゃれに盛り付けられるお薦めの器を３つ紹介します。ぜひそろえてみては。

具材が大きい料理×円錐形の器

春巻きや揚げ魚など、具材が大きい料理には円錐型の器がぴったり。盛り付けのコツは、具材間に「抜け」をつくり、立体感を出すこと。円錐型の器を使えば、具材が自然と中心に集中し、ちょうどやぐらを組んだようなかたちになって、立体感が出る

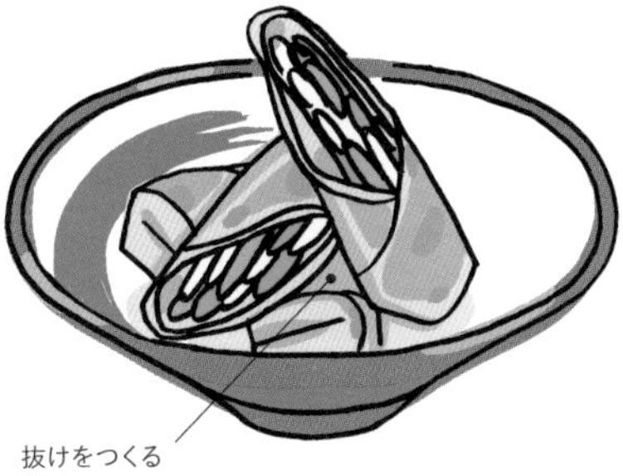
抜けをつくる

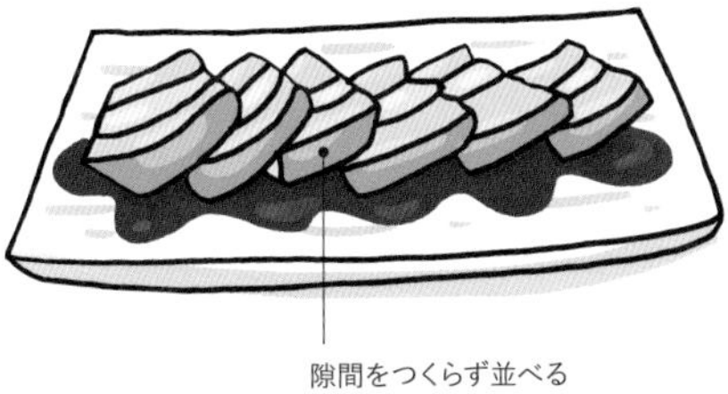
隙間をつくらず並べる

立体感の出にくい料理×長方形の器

ローストビーフや野菜の冷製など、１口サイズになっていて立体感の出にくい料理には、長方形の器を合わせよう。横一列に隙間なく小高く盛ると、立体感が出る。途中にハーブの葉などを差し込むとリズム感が生まれ、彩りもよくなる

立体感のない料理×平らな器

カルパッチョやカットフルーツなど、立体感を出すのが難しい料理は、料理どうしに隙間を確保しながら平らな器に盛り付ける。さらに、器との間に野菜の余った茎や葉を挟むと立体感が出る。小鉢に入れた副菜を添えてニュアンスをつけるのもよい

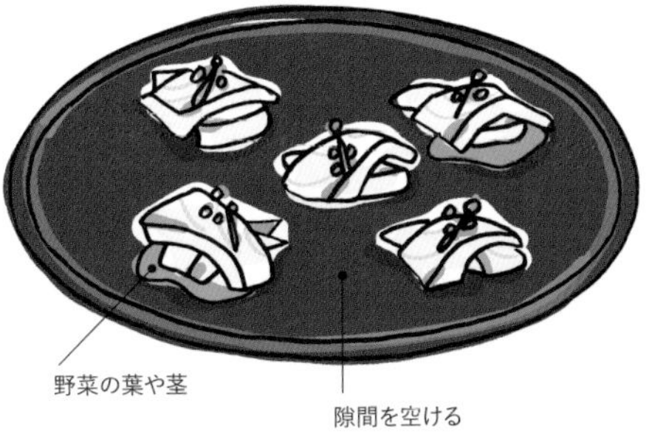
野菜の葉や茎
隙間を空ける

お酒のプロ直伝!

家飲みのクオリティが格段に上がる設え

家飲みに必要なもの

家で飲むと何か味気なくて…
家飲みをするときは非日常感を出すといいですよ
おしゃれなランプ
おしゃれなボトル
確かに、非日常感をつくり出せば雰囲気でるかも…
おしゃれなBGM
ちょっとあなた!
まーたお酒飲んで! しかもテーブルの上散らかしっぱなし!
チラシに請求書… そして奥さん…
非日常感…結構難しいもんだな…
片付けます…
ちゃんと片付けてよね!

近年、時間を気にすることなく、お酒を自分好みにアレンジもできる家飲みが人気です。家でお酒を楽しむために必要なのは、プロのようにお酒をつくる技術ではありません。日常から離れてリラックスできるよう、非日常的な空間を演出することが最重要。家飲みの充実度を高める部屋づくりのポイントを紹介します。また、お酒のグラスは往々にして、大変繊細なもの。収納は手を棚に差し入れて取り出すスペースも考慮し、余裕をもった寸法で確保しましょう。

（監修：岸 久）

rule 1

カウンターで非日常感を演出する

バーのカウンター席では、バーテンダーの動きを眺めたり、会話を楽しんだりと、ただお酒を飲むだけでない楽しみがあります。家でバーのような雰囲気を楽しむなら、対面キッチンがお勧めです。お酒を飲む人とお酒を出す人の目線の高さが同じになるよう椅子の高さを工夫したり、バックバー[※1]をつくったりすることで、よりバーカウンターらしい雰囲気となります。

○「お家バーカウンター」のつくり方

バックバーで本格的な雰囲気に

上吊り棚を利用したバックバーでバーの雰囲気を演出。バーでは、客から注文が来た際にすぐに取り出せるよう扉は付いていないが、住宅の場合はほこりが入りこむのを防ぐために、ガラスの扉を設置するとよい。高さのあるワインボトルが330㎜程度なので、収納棚の高さは430㎜程度をみておく

お酒の種類に応じて保存方法を変える

アルコール度数が高く、不純物の少ないお酒（焼酎、ウイスキー、ブランデーなど）は常温で保存する。風味や香りの元となる不純物が多いお酒（日本酒、ワインなど）は、開封後は冷蔵庫で保存する

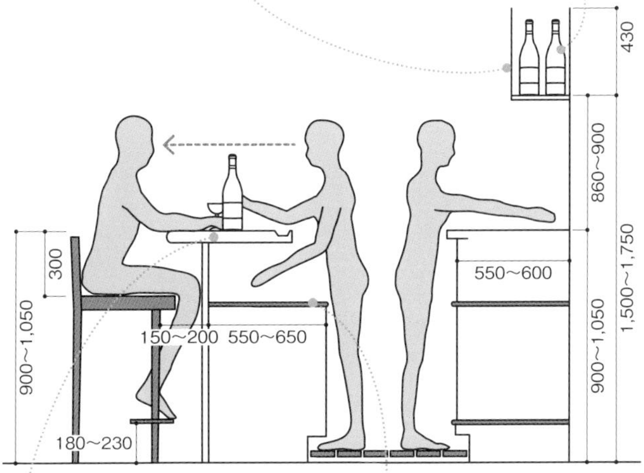

目線をそろえ、テーブルには特別感のある装飾を

キッチンに立つ人とカウンターに座る人の目線の高さを同じにすると、会話が弾みやすい。また、テーブルに普段とは違うランチョンマットなどを敷いて、その上にグラスやおつまみの器を置くだけでも特別感を演出できる。自分の好きな花や絵を飾ったりするのもお勧め

作業する手元を隠す

キッチン側のカウンター下に、おつまみをつくったりグラスを拭いたりする作業スペースを設けると便利。カウンターに座った人からは見えないため、雑然とした印象を与えない

※1 カウンターの後ろに配置される酒棚

rule 2

ワイングラスは吊るすより置く

繊細なつくりのワイングラスやカクテルグラスは、高さも幅もあるため、収納には注意が必要です。バーではワイングラスホルダーに吊るして収納することが多いですが、扱いに慣れていないと、出し入れの際に落としてしまったり、グラスどうしをぶつけてしまったりとトラブルの原因に。自宅では、ウイスキーグラスなどと同様に飲み口を上にして棚に並べるのが安全です。

○ ワイングラスの保管方法とメンテナンス

グラスの曇りは酢で解消

使用後のグラスは起毛していない乾いた布で拭き、仕上げにキッチンペーパーでこすると光沢が出る。グラスが曇ってきたら、グラスがすっぽりと納まる容器に水を張り、そこに酢を大さじ1杯ほど入れて浸ける

収納棚の高さは300㎜以上

専門家はワインの銘柄によってグラス形状を変えるが、家飲みでそこまでこだわらないのなら、グラスの口に鼻が収まるグラスが1種類あれば十分。ワイングラスの高さは約200㎜。収納棚は高さ300㎜以上を確保する。グラスの下には、滑り止め機能のある敷物を敷くと安全。ただし、敷物を敷くとほこりや汚れに気づきにくくなるため、こまめな手入れが必須

暮らしをワンランクアップ！

モヒートパーティーでおもてなし

近年、人気のカクテルの1つがモヒート。誰でも飲みやすいうえにアレンジの幅も広く、来客をもてなす際にもお薦めです。パーティーに出すなら、大きなパンチボウルにモヒートをつくっておき、各自で取り分けて自由に楽しんでもらえるようにすると見た目も華やかに。

※2 果実やミントなどを潰すための道具

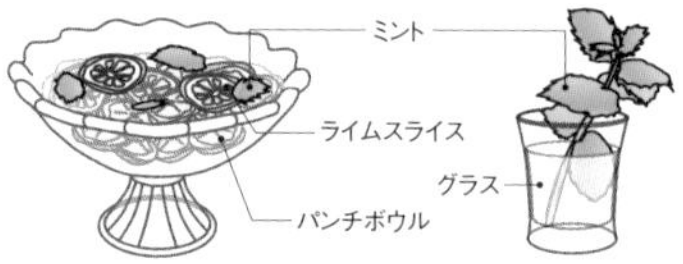

パンチボウルを使ったモヒート

材料

ラム酒…2カップ（400mℓ）
ライムのスライス…1個分
ライム果汁…30mℓ（約1個分）
ミント枝…10本
シロップ…大さじ3
ソーダ…大さじ3＋1カップ
ブロックアイス…適量

つくり方

❶ミキシング用のプラスチックカップにミント枝の半量、シロップ、ソーダ大さじ3を入れ、ペストル※2などで押しつぶしながら混ぜる
❷パンチボウルに❶を入れ、ラム酒、ライム果汁、ソーダ1カップを加える
❸ブロックアイスを入れて軽く混ぜ、冷やす
❹ライムスライスと残りのミントを浮かべ、好みの量をグラスに取り分ける

rule 3

冷たいお酒はしっかり冷やす

家でも店のようにおいしいお酒をつくるコツは、「冷たいものはきちんと冷やしておく」こと。冷蔵庫にグラスやボトルをそのまま入れる空冷より、水を張ったボウルなどの容器にグラスやボトルを入れて冷蔵庫に入れておく水冷のほうが早く冷やせます。冷やす必要のあるもののなかで最大寸法ものは白ワインのボトル。このボトルを入れた容器がすんなりと入る大きさの冷蔵庫があれば◎。

◯ 水冷のポイント

ボトルがすっぽり入らなくても OK

ボトルやグラスを入れる容器は、洗面器やボウルなどなんでもよい。また、入れるものが水面にすっぽりと収まらなくても十分冷えるため、高さは 100㎜程度でよい

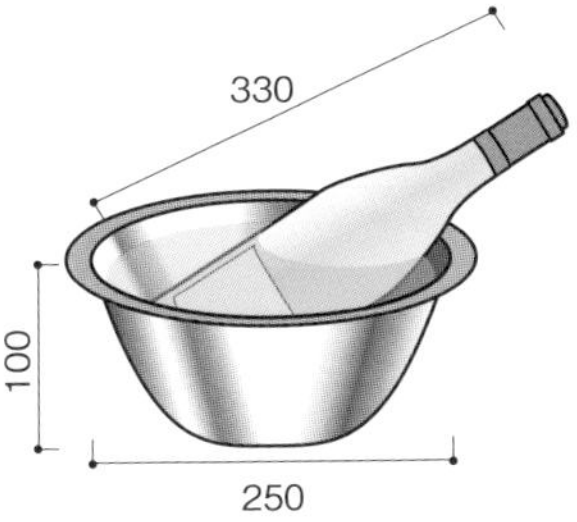

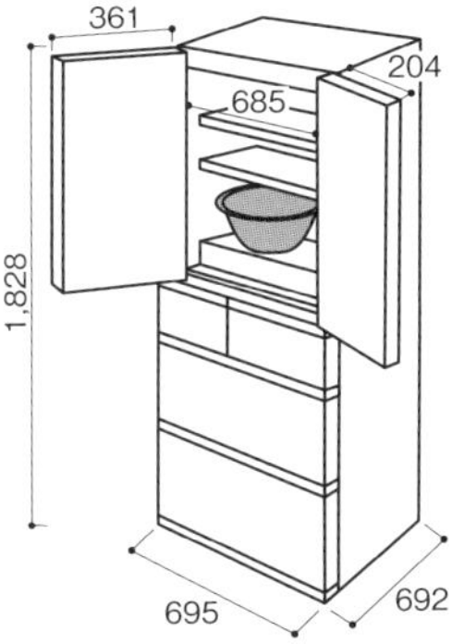

冷蔵庫は規定＋ 10㎜の余裕をもって設置

510ℓ容量の冷蔵庫なら、棚に水冷用の容器がすっぽりと収まる。冷蔵庫は設置に余裕がないと、放熱の効率が悪くなり、消費電力が増加してしまう。大型のものは特に注意。各機種に定められている設置寸法 +10㎜以上あけるのがベスト

◯ 氷の扱い方

氷の霜に注意

オンザロックには丸い氷、ジンフィズなどには四角い氷など、用途によって氷の状態を変えると、お酒はよりおいしくなる。氷をステア※3 するには、氷の表面の霜が溶けて角がなくなった状態の氷を使う。霜が残ったままだと、霜がすぐに溶け出して水になり、お酒が水っぽくなってしまう

すぐ使う分は木桶に

お酒を氷で割りながら飲むなど、すぐに使う場合は、木桶に入れてテーブルなどに置く。熱伝導のよい金属性のザルやボウルは、器に当たった部分から氷が溶けやすいので適さない。2 重底になった木桶なら、溶けた水が下に溜まり、氷が水に浸ることがない

※3 材料と氷をミキシング・グラス（カクテルなどの材料を混ぜるのに用いる肉厚のグラス）に入れ、バー・スプーンでかき混ぜる方法

入浴のプロ直伝！

リラックス効果抜群！健康になる浴室の設え

究極のリラックスを求めて

多くの日本人にとって毎日の習慣である「入浴」。しかし、安全でリラックスできる入浴方法を実践できている人は多くありません。たとえば、38℃程度のぬるま湯での半身浴は身体にいいイメージがありますが、実は40℃程度のお湯で全身浴するほうがお勧めです。身体に水圧がかかることで、マッサージの効果も得られます。熱めのお湯に慣れている人は「ぬるい」と感じるかもしれませんが、副交感神経を刺激して心身をリラックスさせるには40℃程度のお湯が最適なのです。

（監修：早坂信哉）

rule

1

健康効果が高いのは全身浴

半身浴はダイエットに効果があるとして一時期注目されましたが、全身浴のほうがカロリーを消費（40℃の全身浴 10 分で約 40kcal）でき、体が温まって血流も促されます。さらに下半身にかかる水圧の効果で、足のむくみの解消にも。湯の量が多く、深い浴槽ほど、水圧が増すのでむくみ解消にはよいのですが、高齢者や心臓・肺に疾患をもつ人は、思わぬ事故につながるリスクがあるため、適度な水圧がかかる、浅い浴槽が最適です。

◯ 全身浴のススメ

水圧でむくみが解消

身長 170㎝・体重 60kg の人が浴槽に浸かると、首から下の表面に約 600kg の水圧がかかる。重力で足にたまった血液や体液が水圧で心臓に戻され、むくみが解消する。これを静水圧作用という

浴槽の縁は厚めが安全

高齢者が湯船に入る際は、転倒などに十分注意する必要がある。浴槽をまたぐ前に一度腰掛けられるよう、浴槽の縁は厚みが 200㎜程度あるものにすると安全。さらに近くの壁に手摺を設置すれば◎

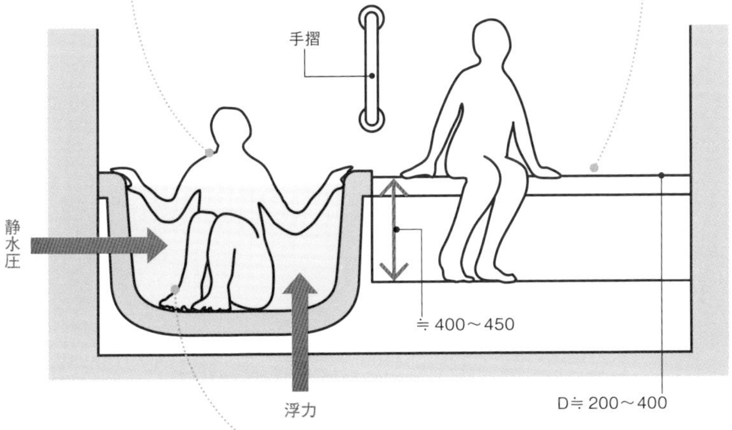

浮力によりリラックスできる

全身浴をすると、浮力により体が軽くなり、リラックスできたり、関節の負担を軽減したりできる。また、水には粘性・抵抗性があるため、手足を動かしたり軽いストレッチをしたりすると、空気中より高い効果がある。このほか、入浴には温熱作用や清浄作用も

rule 2

お湯の温度は約 40℃にする

お湯の温度は 40℃程度のぬるめに設定しましょう。副交感神経が刺激されて心身がリラックスするほか、血圧低下、筋肉弛緩、胃腸の働きが活性化し消化がよくなるなど、健康面でもメリットが大きいのです。42℃以上のお湯になると逆に血圧が上がり、筋肉が硬直して、胃腸の働きも弱まってしまいます[※1]。

ジェットバスのススメ

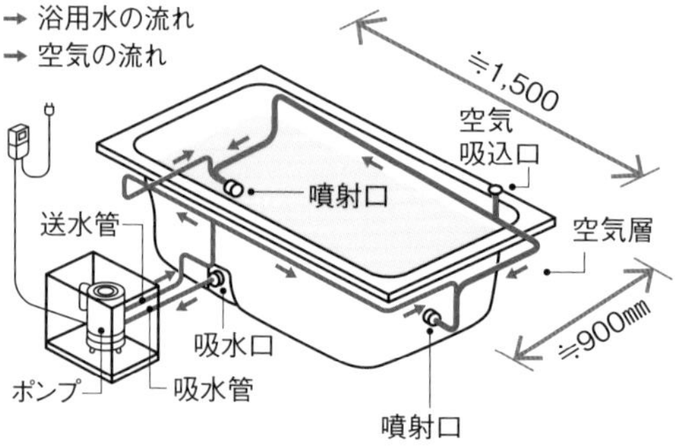

→ 浴用水の流れ
→ 空気の流れ
≒1,500
空気
吸込口
噴射口
空気層
送水管
吸水口
ポンプ
吸水管
≒900㎜
噴射口

ジェットバスは身体が温まりやすい

ジェットバスは水圧によるマッサージ効果以外にも、肌表面に絶えず温度変化を与えるので温度の低いお湯でも身体を温められるというメリットがある。ただし、清潔に保つためのメンテナンスや定期的な掃除は必須。冬場はお湯の温度が下がりやすいため、断熱材で包まれた保温効果のある浴槽が理想的

※１給湯器に表示されている温度は目安なので、厳密な温度を知りたい場合は、湯温計を使用するとよい

暮らしをワンランクアップ！

どうしても熱いお湯に浸かりたいときは……

健康面を考えると 40℃以下の湯温が好ましいのですが、どうしても熱いお湯に浸かりたい場合は、湯船に入ってから追い焚き機能などで徐々に温度を上げましょう。また、加齢とともに熱さや寒さに鈍感になるため、あまり熱い温度に設定しないように意識付けを。

約40℃のお湯で
10分程度

子どもは大人よりも熱く感じるので、のぼせや溺れる原因とならないよう、長時間の全身浴は避けたい

rule 3

浴室の照明は低い色温度にする

浴室は、黄色みがかった色温度が低く暗めの照明（2,000～3,000K 程度）にすると、リラックス効果が高まります。頭を使わずくつろげる空間にするために、携帯電話などのデジタル機器は持ち込まないのがお勧めです。

○ リラックス効果を高めるアイテム

音楽や
アロマキャンドルは◎

リラックス効果を得るには音楽やアロマキャンドルもお薦め。浴室にテレビを設置する場合は、集中しすぎに注意。頭を使うような見方だと、副交感神経が優位になりにくい

---

rule 4

ヒノキの香り成分でリラックス

浴室や浴槽にヒノキなどのテルペン類を含む木材[※2]を使用すると、森林浴したときと同じような感覚、リフレッシュ効果が得られます。ただし、浴室に木材を使う場合は、ぬめりやカビなどの発生を防ぐための日々の手入れが必須です。

○ 木材のお風呂との付き合い方

使用後は乾燥を徹底

ぬめりやカビを防ぐため、入浴後はしっかり換気して乾燥を促す。なお、石材も自然素材だが、健康面でのメリットはない

アロマオイルで代用も

浴室に木材を使うのが難しい場合は、洗面桶や器などにヒノキのアロマオイルをたらしても同じ効果が得られる

※2 テルペンは、植物の精油に含まれる成分。その香りには、リラックスを促す働きや血圧を下げる働きがある。ヒノキのほか、マツやスギなどにも含まれている

入浴のプロ直伝！

小さな子どもから高齢者までみんなが安全に入れる浴室の工夫

最高の脱衣所

は～あったまる～
小さいお子さんがいる家庭は
コミュニケーションの場にも
なっているお風呂
お風呂は
最高のリラックス空間
But!!!
事故の起こりやすい
場でもあります
特に冬の寒～い脱衣所は
ブル
ブル
ヒートショックを起こす
危険があります。
脱衣所も暖かくしましょう
ポカ
ポカ
ポカ
入浴も
楽しんでね…

特に子どもや高齢者の事故が起こりやすい浴室。入浴時の急な室内温度差があらゆる病気の引き金となることもあります。安全かつ効果的な入浴は、①水分を摂る、②かけ湯をする、③半身浴する、④全身浴する、⑤洗い場で髪や体を洗う、⑥再び全身浴する、⑦お風呂から出る、⑧水分を摂る、⑨休息する、という流れで行うのが理想的。入浴の手順だけでなく、あらかじめ事故を防止する対策や、事故が起きてもすぐに発見・救助できる脱衣所と浴室の設えとしましょう。

（監修：早坂信哉）

rule 1

ヒートショック対策は廊下から

冬場は特に、暖かい居室と浴室（浴槽）・脱衣室の温度差で失神、心筋梗塞・脳梗塞を引き起こす「ヒートショック」に注意しましょう。脱衣所だけでなく、暖かい居室と浴室をつなぐ廊下も暖房することを忘れずに。新築の場合は、浴室を含めたすべての部屋の室温を均一にする全館空調システム※1の導入がお勧めです。室内温度差によるストレスが少なくなります。

ヒートショックを防ぐ設え

浴室内も入浴前に暖める

浴室暖房機がない場合は、浴槽の蓋を外してお湯を張ったり、入浴前にシャワーで熱めのお湯を出したりして浴室を暖めることもできる

居室→脱衣所→浴室の温度差は小さく

浴室や脱衣室の温度は22～23℃と、リビングに近い設定にするのが理想。浴室・脱衣室が暖かくても、居室までの移動空間が寒くてはヒートショックの危険性がある。廊下の暖房対策は見落としがちなので要注意

入浴時間は10分程度に

寒い季節はお湯の温度を高くしがちだが、42℃を超えると気温とお湯の温度差が大きくなりすぎて危険。冬の湯温は40℃以下が望ましい。また、長時間入ると体温が上がりすぎて熱中症のリスクもあるため、入浴時間は10分程度とほどほどが◎

脱衣所の暖房器具は火事のリスクが低いものを

全館空調システムでない場合は、脱衣室に暖房器具を置くとよい。火事にならないよう、衣類やタオルの近くには置かないなど、安全面に十分注意する。電気で暖めるパネルヒーターなら火事のリスクが低い

※1 居住空間の温度や空気の質を適度に保ちながら室内外の空気を常に入れ替え、循環させる空調システム

rule 2

窓があればリラックス効果アップ

大きな浴槽を設置できない場合も、浴室に窓を設けることで視界が開け、リラックス効果を高められます。また、開閉できる窓があれば、使い方によっては頭寒足熱の状態をつくり、露天風呂と同じリフレッシュ効果を得られることも※2。ただし、最初から浴室が寒いとヒートショックを引き起こすおそれがあるので、湯船に入って体が温まってから窓を開けるようにしましょう。

○ 窓を設けるときの注意点

窓は開けるタイミングに注意

視界が開ける一方、外部から浴室をのぞかれるおそれがあるので、新築時は窓を設置する位置に配慮したい。窓を開ける場合は、身体が温まってからにする。身体が温まった後も、湯船に入っていないときは窓は閉めておくのが安全

○ 安全な入浴のポイント

シャワーの出始めは高リスク

シャワーの栓をひねると、最初はとても冷たい水が出る。特に冬場はヒートショックの原因とならないよう注意したい

浴室用の椅子を使う

体が温まった低血圧状態で立って洗うと、立ちくらみを起こすことがある。椅子に座って洗うほうが好ましい

※2 高体温時、体温とは独立して動物が脳を冷却する仕組みを「選択的脳冷却」という。露天風呂に入ると、選択的脳冷却効果を得られる

rule 3

浴室のドアに錠をして子どもの事故を防止

浴室での不慮の事故は、小さな子ども（1～4歳）の死亡原因の上位を占めています（厚生労働省「令和2年人口動態統計」）。小さな子どもは頭が大きくバランスが悪いため、湯船に転倒しやすいのです。一緒に入浴する時はもちろんのこと、容易に浴室に入らないよう、錠を設けるなどして事故を防ぎましょう。

浴室に潜む危険な落とし穴

縁の高さは500㎜以上に

縁の高さが500㎜未満の浴槽では、子どもがよじ登って槽内に転落するおそれがある（国民生活センター調べ）

浴槽の水はすべて抜く

水深が100㎜（口と鼻が塞がる程度）あれば、子どもは溺れてしまう。低い水位であっても水をためたままにしておくのは危険が伴う

暮らしをワンランクアップ！

自宅にサウナを設けるときの注意点

近年、サウナの人気が急上昇しており、自宅に小型の乾式サウナを設けたいという人も増えています。熱中症や脱水症状などを防いで安全に楽しむためには、60°C程度の低い温度設定がお勧めです。なお、子どもや高齢者は熱中症になりやすいので、サウナに入ることはお勧めできません。

住宅用乾式サウナ

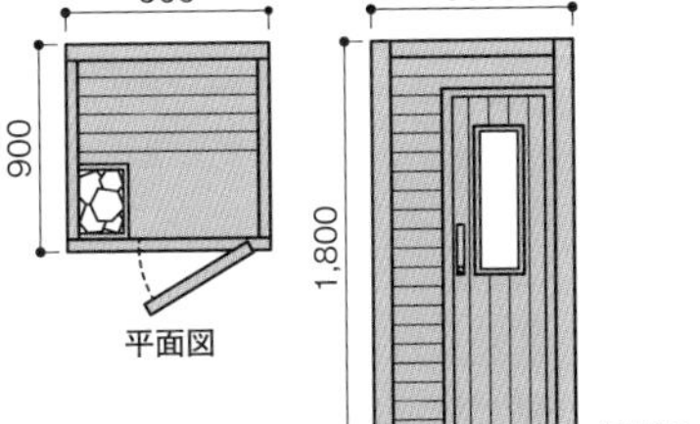

1人用サウナの寸法目安。子どもが勝手に入らないようドアには錠を設けたい

rule 4

浴室での緊急事態に対応できる設えで、高齢者を守る

誰もが年を取るので、高齢者にやさしい浴室をつくることは重要です。浴室で起こる高齢者の死亡事故の主な原因は、ヒートショックが引き起こす脳卒中や心臓発作、熱中症など。浴室で急に意識障害を起こした場合、周囲に助けを求められず、救助まで時間がかかってしまうことがあります。そんな事態を防ぐための対策を講じましょう。また、脱衣所は浴室との温度差を解消するだけでなく、着脱のしやすさを考慮して、できるだけ広さを確保しましょう。

◯ 高齢者にやさしい脱衣所の設え

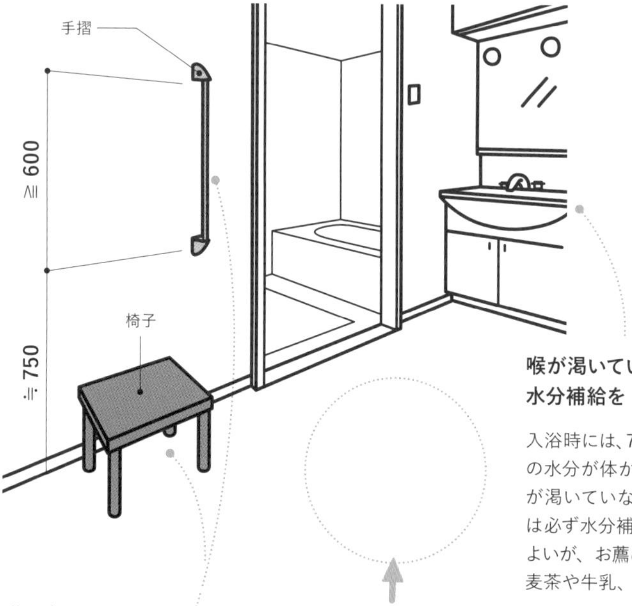

喉が渇いていなくても水分補給を

入浴時には、700ml から 800ml の水分が体から失われる。喉が渇いていなくても入浴前には必ず水分補給する。水でもよいが、お薦めはミネラル入り麦茶や牛乳、イオン飲料など

脱衣室には椅子と手摺を設置

年齢を重ねると衣服の脱ぎ着も大変な作業の1つ。少しでも負担を減らすため、腰かけて着脱できるスペースがあることが望ましい。脱衣所には椅子を置き、立ち上がる際に助けとなる手摺も備え付けたい

車椅子にも対応できる余裕があると◎

車椅子アプローチ1,000×1,000㎜と介助スペース1,000×300㎜程度の広さがあれば、車椅子を使う場合にもスムーズ。脱衣所にこのくらい余裕があると、親子で入浴する場合にも使いやすい

○ ユニットバスの扉の外し方

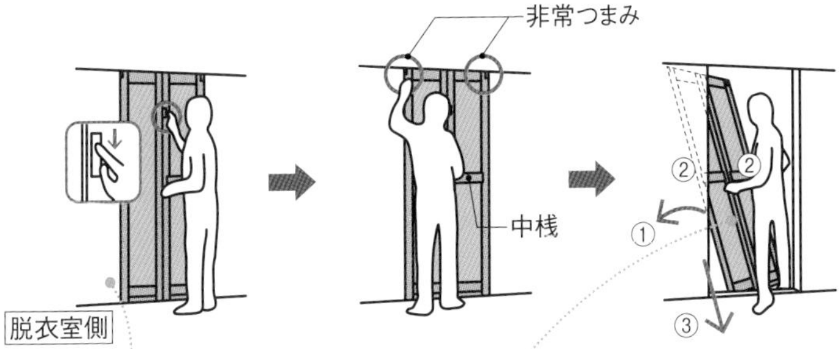

扉を選べるなら引き戸が有利

浴室の扉を引戸にすれば、扉の前で人が倒れていても扉を開けやすい。ユニットバスは折れ戸が多く、ほとんどは外から外せる仕様になっている

外し方を普段から知っておく

扉の外し方を実践しておくと、いざというときにも安心。基本的には次のような手順。①鍵がかかっている場合開錠し、ドアを少し開く、②中桟を持ちながら扉上部の非常つまみを片方ずつ外す、③ドアを折り畳み、持ち上げて外す

○ 緊急時に対応できる浴室の設え

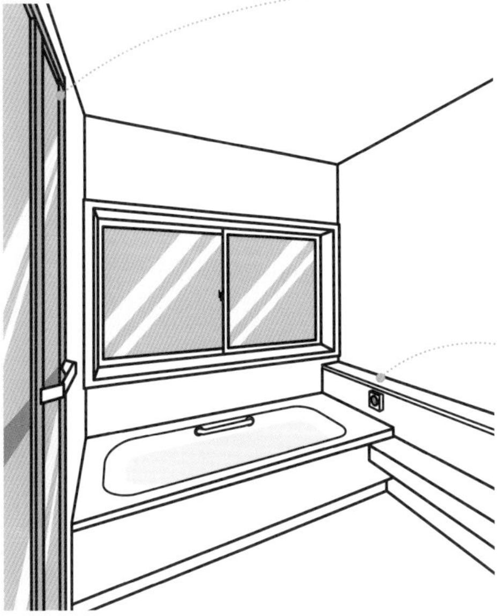

ドアのガラス選び

型板ガラスの扉は、すりガラスのように内部の様子が分かりにくいことから、浴室用に重宝されているが、浴室内での変化に外から気付くことが難しくなる。一方、ガラス扉なら浴室内の様子はよく分かるが、プライバシーの問題には考慮したい

緊急ボタンを設置する

ワイヤレスで配線工事不要の緊急ボタンは、新築でなくとも手軽に設置できる。ただし、急に倒れてしまった場合には、肝心のボタンを押せないこともあるということも頭に入れておこう

観葉植物のプロ直伝！

観葉植物で暮らしに潤いを

生活のかたわらに植物の緑があると、目に入るだけで日々豊かな気持ちになります。とはいえ、緑にあふれた美しい庭を設えても、それを維持するにはコストも手間もかかります。住まいに緑を取り入れる最も手軽な方法は、室内に観葉植物を置くことです。しかしただ置くだけでは、室内の家具やインテリアと合わない、植物の育つ方向が邪魔になる、などの問題が起こることも。住宅での最適な植物の配置や飾り方のコツを押さえて、人も植物も嬉しい住空間をつくりましょう。

緑さんの居場所

rule 1

圧迫感なく緑が視界に入る位置に飾る

空間のバランスと植物の成長を考えると、床置きの植物は、植物から天井までにあらかじめ600㎜以上の余裕をもたせておきましょう[※1]。空間を圧迫せず、緑が視界に入ります。ツル系の植物を天井や棚の上部などから吊り下げるのも効果的です。その場合、低い位置だとバランスが悪いうえに、生活の邪魔になるので、なるべく高い位置から吊りましょう。ただし、高すぎる位置では水やりがしにくいので、こまめに手入をする余裕がない場合は、水やりの手間が少なくてよいサボテン系が◎。

◯ 床置き植物の高さ目安

枝の先に空間を残す

枝の流れを壁で遮らず、枝の先にも空間が残るような場所に配置するとよい。伸びすぎた場合は剪定をするなどして樹形を整える

座った時の目線を意識する

リビングやダイニングに置く場合、座ったときの目線の高さに植物の葉（緑）が置かれる高さを意識する。木が見栄えする方向（正面）を確認し、その方向が普段目に入るように置く

◯ ツル系植物の飾り方

天井からフックで吊り下げる

植物が床から1,800㎜程度の高さにあると、グリーンのある空間を演出できる。天井に近い分、手入れがしにくくなることや、日照が限られてくることを想定しておく

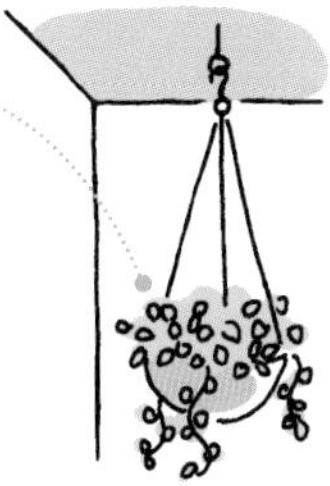

壁にフックで掛ける

鉢の大きさによっては空間を圧迫することにもなりかねないため、家具や通路幅などとの兼ね合いを検討しておく

壁付けの棚の上部に鉢を置く

床から1,450～1,700㎜あたりに植物の垂れている部分があると、男性女性ともに植物を感じることができる

※1 たとえば、天井高2.4mの室内で、植物を床に置いて育てる場合は、購入時の高さが床面から1.6～1.8mのものを選ぶとよい

rule 2

鉢のデザインにこだわって インテリアを格上げ

観葉植物は、もちろん植物自体も印象的ですが、意外と存在感があるのが鉢。鉢の素材は陶器、プラスチック、石、鉄、籠などさまざまですが、床の色と壁の色の中間色を選ぶと空間になじみます。また、葉のボリュームがある植物にはどっしりした鉢を用いるなど、樹形に合わせて鉢の形や質感を選びましょう。

◯ 鉢と植物、内装の関係

目立ちすぎる色は避ける

床や壁、家具の色などに合わせて鉢を選ぶのがベター。鉢が目立ちすぎると日々のストレスにつながる場合も

植物と鉢の高さの黄金比を押さえる

すらっとして枝の流れのある植物には、高さのあるシンプルな鉢を合わせるとよい。樹形などによっても異なるが、高さ 1.6m 以上の植物では鉢と植物の高さは 1：3 ～1：5、高さ 1.6m 未満の植物では鉢と植物の高さは 1：1～1：3 を目安に鉢と植物を組み合わせると見栄えがよくなる※2

鉢カバーも選択肢

鉢に直接植物を植える場合は水抜き孔が必須。鉢カバーは何を選んでも特に植物への支障はないので、デザイン性を重視したいときにもお勧め

◯ 鉢の素材によるメリット・デメリット

素材	メリット	デメリット
プラスチック製	軽い、安い、頑丈	通気性が悪い
素焼き	通気性がよい	割れやすい、重い
木製	通気性がよい	腐りやすい(鉢カバーとして使う場合)
陶器製	通気性がよい、吸水性がよい	手入れをしなければ腐りやすい

※2 ただし見栄えだけで選ぶと、少し触れただけでも倒れてしまったりするので、開口部や動線との位置関係にも注意する

rule 3

数種類置く場合は自生地を意識する

同じ場所に複数の種類の植物を飾る場合は、それぞれの自生地を調べておきましょう。自生地が同じ環境の植物なら育て方も同様なので、手入れが比較的楽になりますし、インテリアとしても統一感が生まれます。また、植物を立体的に配置するとより目につきやすくなり、空間の印象が変わります。そんな時に取り入れたいツル系の植物も、主な種類とその特徴、自生地や分類を知っておきましょう。

植物の組み合わせ

自生地	特徴	主な品種
南アフリカ産	乾燥に強い	パキポディウム・グラキリス、サンセベリア、アロエ、ハオルシア、ユーフォルビア、フォッケア・エデュリス、ゲラルダンサス・マクロリザス、リプサリス、ドラセナなど
東南アジア産	水を好む	ハートファン、ビカクシダ、ツディ、ヘゴなど
熱帯アメリカ産	寒さに弱い	ザミア、チャボヤシ、高性チャメドレア、エバーフレッシュ、アンスリウム、シンゴニウム、シーグレープなど

お薦めツル系植物

名前	分類	自生地	環境	水やり
アイビー 学名：*Hedera*	ウコギ科 キヅタ属	北アメリカ、アジア、ヨーロッパ	日向	春〜秋にたっぷりと与え、冬は乾燥ぎみにする
シッサス 学名：*Cissus*	ブドウ科 シッサス属	世界の熱帯〜亜熱帯半	日向	同上
ポトス 学名：*Epipremnum aureum*	サトイモ科 エピプレムネム属	ソロモン諸島（南太平洋）	半日向	乾燥ぎみでよい。空中湿度を好むので霧吹きなどで葉水をあたえる
ホヤ 学名：*Hoya*	ガガイモ科 ホヤ属	日本南部（九州、沖縄）、熱帯アジア、オーストラリア、太平洋諸島	日向	同上
ディスキディア 学名：*Dischidia*	ガガイモ科 ディスキディア属	東南アジア、オーストラリア	半日向	乾燥ぎみでよいが、エアコンのきいている室内では、空気が乾燥しすぎて枯れることがある
リプサリス 学名：*Rhipsalis*	サボテン科 リプサリス属	熱帯アフリカ、熱帯アメリカ	半日向	乾燥ぎみでよい。土の表面が乾いて、葉が細くなったりシワが寄ってきたりしたら、水をたっぷり与える

観葉植物のプロ直伝!

植物が元気に育つ 日射と通風の取り入れ方

みんなで元気に
緑さんの件で猫にきつく叱られた僕はインドアグリーンのプロのお店へ
こんにちはー
なんと、間取りや日当たり、家族構成や暮らし方まで聞かれました!
ピカーッ
ジャーン
緑さんのニュー鉢!!
こちらなどいかがでしょうか!
おすすめグリーン!
ああ!グリーン最高!
ポカ
ポカ
良かったぁ

室内の植物に元気がなくなったり、枯れてしまったりするのは、日射や通風といった環境や、水やりなどの管理方法が合っていないことが原因の1つと考えられます。植物ごとに性質は異なりますが、多くの観葉植物に適した場所は、風通しよく、適度に日が当たる環境。水は、与えすぎ・与えなさすぎといった両極端な管理ではなく、適度にメリハリをつけて、たっぷりの水量を少ない頻度で与え、受け皿には長時間水を溜めないようにするのがポイントです。

rule 1

光が強すぎる場所も避ける

植物を育てるうえで一番重要なのが太陽の光。午前中に照明なしで本が読める程度の明るさ（500 ルクス〜）が必要です。植物は、光の差し込む方向に向かって成長したり、葉のつき方がいびつになったりすることも。置きたい植物のイメージに沿って設置場所を選んだり剪定したりすることが大切です。また、トイレには窓がないこと多く、使用しない時は暗い（照明オフ）状態なので基本的には避けましょう。どうしても置きたい場合は、リビングなどで育て、伸びた部分をカットして水差しなどで楽しむのもお勧め。

○ 植物と光の関係

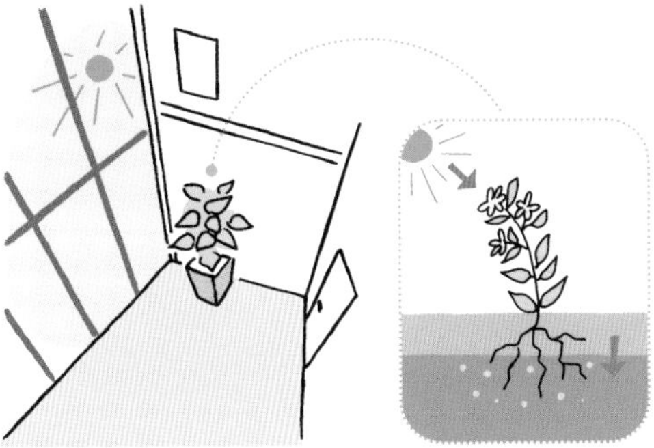

開口部との位置関係に注意

光が差し込む方向によって、植物の成長の仕方が異なるため、開口部の位置が植物の形状に影響を与える。太陽のほうに向かって伸びるので、置く場所が決まってからこまめに向きを変えて、まんべんなく日が当たるように育てるのもよい

○ 植物を置くのに適した場所

背の高い植物は吹抜けに

背の高い真っ直ぐな植物は、トップライトを設けた吹抜けに設置するとよい。真上から差し込む光を目指して真っ直ぐに成長してくれる

置き場所は季節で変える

夏場の南側・西側は光が強く、温度が上がりやすく葉焼けなども起こりやすいので、レースのカーテンなどで遮り、半日陰にする。北側・東側は明るさが足りない場合が多いので、直接外の光が入るようにするとよい。冬場は、どの方角でも窓のそばは冷気が植物にあたって傷みやすいので、窓から離したり、夜はカーテンなどをして冷気を防ぐとよい

気温・通風・光をチェック

①エアコンなどの空調機器により気温は一定に保たれているか、②風通しがよいか、③ブラインドやレースで光を適度に遮断できるか、が、植物の成長に影響を与える室内の要素

rule 2

気温の変化に応じたケアが必要

多くの観葉植物は高温多湿（生育温度が 20°C以上）な環境を好みますが、床暖房に直接鉢を置くと、植物の根が傷んでしまいます。床暖房をオフにするか、断熱材を敷いて直接熱が伝わらないようにするなどの対処が必要です。また、植物の近くの照明は発熱しにくい LED などが適しています※1。

室温と植物の関係

温度	生育状況
30°C以上	鉢の中の土・水の温度が上がりすぎると、根腐れが起きることがある。夏場に高温になる場所には置かないようにしたい
25°C前後	植物が最も成長しやすい気温。本州でいうと、6月ごろの気候。植物の植え替えに適切な時期
10～15°C	植物の成長が止まってくる。あまり水を吸わなくなり、肥料をあげてもあまり効果がない。水のやりすぎには注意する
10°C以下	植物によっては、この寒さに耐えられない品種もある。日の当たらない夜間に発泡スチロールや段ボールで覆うなどして保温する必要がある

耐寒性	比較的寒さに強い品種名
0°C以上	アイビー、ワイヤープランツ、ゴールドクレスト、シュガーバイン、シュロチク、アロエ、オリーブなど
5°C以上	ガジュマル、オリヅルラン、オーガスタ、モンステラ・デリシオーサなど

rule 3

適切な水やりで湿度を管理

適切な水やりは、季節や日当りの環境、植物の種類にもよるが、基本は土が乾いたらたっぷりあげて、鉢皿に溜まった水を捨てます。水切れして植物が弱ったり、逆に鉢皿に水が溜まったまま湿度が上がったりすると、虫が湧いてしまうので要注意。あらかじめ乾燥に強い品種を選ぶのも一案です。

水やりのポイント

空気を循環させる

屋内では雨や露がない分、設置する空間の湿度を保つことも大切。霧吹きなどで水分を与えるのも有効。またサーキュレーターなどで室内の空気を回せば、虫も付きにくい

土が乾いたら水やりを

土が乾いてから水を一度にたっぷり与える。シダ植物など多湿を好む植物ならば、用土が常に湿っていても根腐れは起こしにくい

※1 白熱灯など熱をもつ照明の近くは避ける。LED 照明の場合でも、ソケット部分などは熱をもつが、手をかざしてみて熱を感じない距離を確保すれば問題ない

乾燥に強いお薦め観葉植物

名前	分類	自生地	環境
 アガベ 学名：*Agave*	リュウゼツラン科 リュウゼツラン属	メキシコ、アメリカ南西部	日向
 アロエ 学名：*Aloe*	ユリ科 アロエ属	南アフリカ、マダガスカル島、アラビア半島	日向
 ユーフォルビア 学名：*Euphorbia*	トウダイグサ科 ユーフォルビア属	南アフリカ、世界の熱帯～温帯	日向
 ハオルシア 学名：*Haworthia*	ユリ科 ハオルシア属	南アフリカ、ナミビア南部	明るい日陰
 ホヤ 学名：*Hoya*	ガガイモ科 ホヤ属	日本南部（九州、沖縄）、熱帯アジア、オーストラリア、太平洋諸島	日向
 パキポディウム 学名：*Pachypodium*	キョウチクトウ科 パキポディウム属	アフリカ、マダガスカル島	日向
 サンセベリア 学名：*Sansevieria*	リュウゼツラン科 サンセベリア属	アフリカ、南アジアの熱帯～亜熱帯	日向
 リプサリス 学名：*Rhipsalis*	サボテン科 リプサリス属	熱帯アフリカ、熱帯アメリカ	明るい日陰

写真が“映える”！ 猫も人も快適な部屋

猫と暮らしていると、猫用品が部屋にあふれ、インテリアのテイストも統一できないなどの問題がつきもの。床置きのものを減らして部屋がすっきりすれば、猫のいたずらを防ぐことができ、飼い主のストレスも減らせます。愛猫の美しい写真を撮りたくなるような部屋づくりのコツを紹介します！　猫の美しい写真を撮るには、前足が映る構図が◎。黒猫・白猫など単色系の猫はカラフルな壁の前で撮ると際立ちます[※1]。猫が嫌がるフラッシュは NG です。

※1撮影者以外の人にフードやおもちゃで視線や行動をコントロールしてもらうのがよい。また、男性が苦手な猫は多いので、望遠レンズで撮るのも手

トイレと食事の片付け動線を最短にする

猫との暮らしで家が汚れてしまう主な要因は排泄と食事。家を美しく保ちたいなら、この2つの処理を怠らないようにする工夫が必要だ。ポイントは、片付けが面倒にならないようにすること。食事や排泄物処理のための効率的な動線の確保が鍵となる。フードの置き場と食事場所、皿の片付け場所は近くする。高さのある食器台を用意するだけでも掃除が楽になるうえ、猫の首の負担も減る。猫砂のストック・猫トイレ・猫砂の捨て場所の3つはなるべく近くに置く

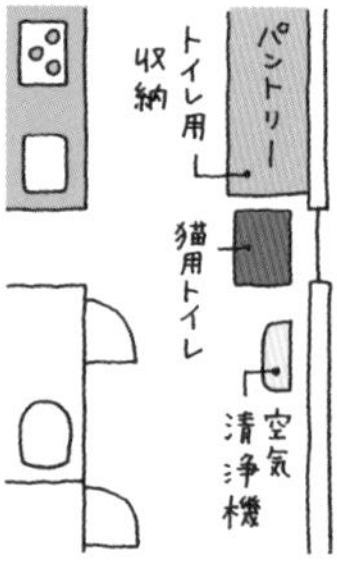

見せない&ざっくり収納が基本

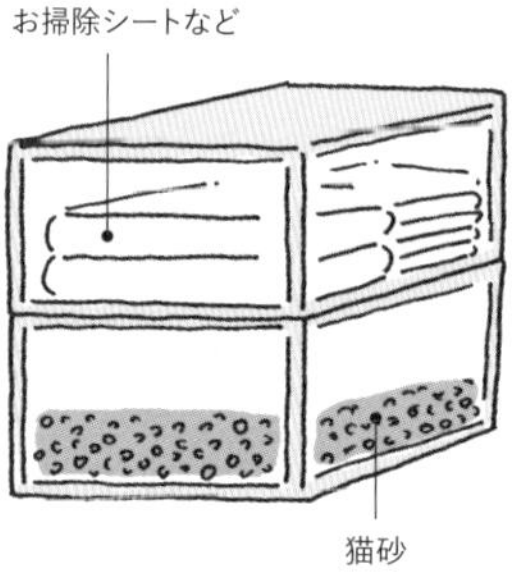

猫を飼う場合の基本は「見せない収納」。すっきり見えるだけでなく、猫がいたずらをしてけがをする心配もなくなる。ただし、収納の種類や場所を細かく決めすぎると、人にはストレスになるので、「ざっくり収納」がお勧めだ。無印良品などで売っている収納ケースはスタックして重ねられるため統一感が出る。半透明なので中身も見えにくい。キャットフードや猫用トイレ用品のパッケージは派手なものが多いので、袋から出して入れ替えると見た目もすっきりする。余計なストックを溜め込みすぎないこともポイント

家具でキャットステップをつくる

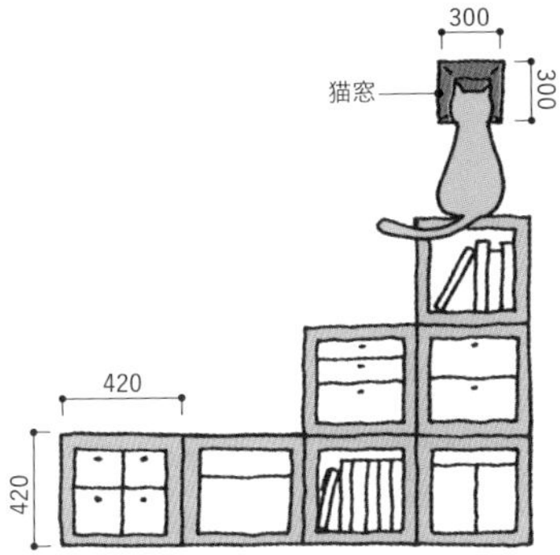

300
300
猫窓
420
420

猫を飼っているからといって、市販のキャットステップやキャットウォークを設置する必要はない。収納家具を造作したり、かわいい猫窓を設けたりすれば、猫も楽しめるうえにインテリアの邪魔にもならない。棚を壁に設置して、最上部に壁の向こうに抜けられる猫窓を設ける。行き止まりができないようにすれば、回遊動線が生まれ、複数の猫でも楽しめるようになる。棚を階段状に並べると、猫は喜んで登る

猫ファーストの安全対策をする

猫の脱走は飼い主の大きな悩みの１つ。玄関を２重扉にするほか、施主が自作できるゲートなどもお勧めだ。中空成形シートを使えば、安価でかわいいゲートがつくれる［左イラスト］。テープでストライプなどの柄をつけると、さらにおしゃれになる。また、人にとっては快適でも、猫にとってはストレスになることもある。猫の安全を第一に考える場合、以下のようなことに注意したい

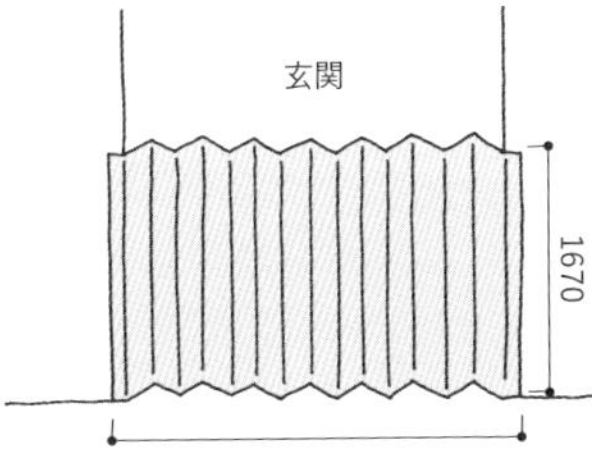

玄関
1670

通路幅＋500㎜（伸ばした状態）

中空成形シートの折りたい側（山側）にのみ切れ目を入れ折り曲げる（2枚分）。2枚の片側をテープでつなげ、反対側はマジックテープを貼る。ゲートを貼りたい通路の壁にマジックテープを貼れば完成

落下防止ネット
吹抜け
うずうず

吹抜けは猫によっては飛び降りてしまうこともある。やんちゃな猫がいる場合は落下防止ネットが必要

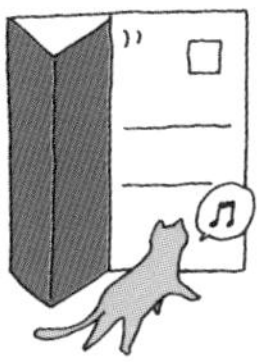

浴室は猫が閉じ込められないよう、折戸のほうが安全。ただし、デザイン的には開き戸の方がすっきりする。その場合は開けっ放しにしないように注意したい

掃除機の音を嫌う猫は多く、脱走やストレスの原因になることもある。カーペットではなくフローリングにすることで、掃除シートだけで済ますという手も

第3章 暮らしの変化や〝もしも〟に備える

長く暮らせる住まいは、さまざまな変化にも柔軟に対応できる住まいです。家族の変化、暮らし方の変化、自然災害などの〝もしも〟に強い住まいを目指しましょう。

「どうしたい?」が見える
チェックリスト

将来の変化 編

check

- [ ] 来客は多いほう?

→ P. 106 ~ 109

- [ ] 子ども部屋は必要?

→ P. 110 ~ 117

- [ ] 持病がある、または、親を介護する予定はある?

→ P. 118 ~ 127

- [ ] 地震への対策は万全?

→ P. 128 ~ 131

- [ ] 車をもっている、または、購入予定がある?

→ P. 132 ~ 135

- [ ] 創エネ家電の知識はある?

→ P. 136 ~ 139

家事のプロ直伝！

家族以外の人にとっても居心地のよい空間を考える

家族が居心地よいだけでなく、家は来客もあたたかく迎え入れられる雰囲気、空間にもしたいものです。気のおけない友人を招くことができる状態に保たれていれば、自然と家族にとっても「居心地のよい家」になります。また、共働きの家庭では、家事代行やベビーシッター、ペットシッターなど、家族（大人）がいないときに他人が家に入る機会が多くなる可能性もあります。住宅内での保安やプライバシーの確保のことも、あらかじめ考えておきましょう。

心地よい家への道のり

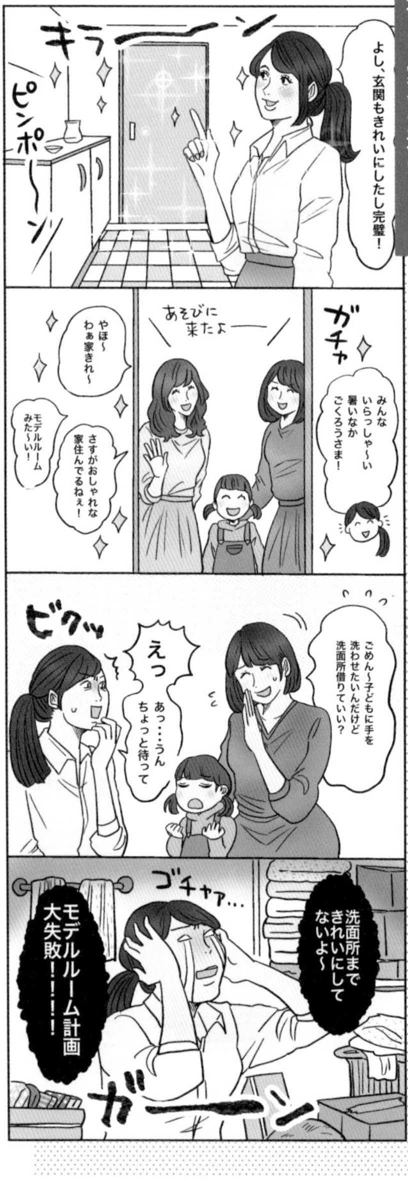
キラーーーン
よし、玄関もきれいにしたし完璧！
ピンポーン
ガチャ
みんないらっしゃ〜い 暑いなかごくろうさま！
あそびに来たよ
やほ〜 わぁ家きれ〜
さすがおしゃれな家住んでるねぇ！
モデルルームみた〜い！
ごめん〜子どもに手を洗わせたいんだけど洗面所借りていい？
えっ
ビクッ
あっ…うん ちょっと待って
ゴチャァ…
洗面所まできれいにしてないよ〜
モデルルーム計画大失敗！！！！
ガーーーン

rule 1

玄関や玄関前に腰掛けスペースを設ける

家族やお客さんを迎え入れる玄関は、広く明るい空間が理想です。においの問題もあるので、たとえ狭い玄関でも靴をしまう場所は確保しましょう。そのうえで、玄関に置いてよいモノは家族１人につき１足の靴、靴べら、スリッパだけなどルールを決めます。整理整頓をしたうえで、写真や子どもの工作作品などを飾る場合は飾り棚を設けます。また、玄関や家の周囲の砂ぼこりやごみなどは、お客さんの目にとまりやすいので、気がついたらすぐ拭き掃除ができるよう、近くに掃除道具置き場を設けるのが◎。

◯ 玄関を気持ちのいい「家の鏡」にする

ＳＣ《シューズクロゼット》を家族の玄関に

玄関脇にシューズクロゼットを設け、家族がそこを経由して室内に入ることができれば、靴が玄関に散らかるのを防げる

腰掛けスペースは万能

「近所付き合いは玄関先で」が基本。腰を掛けられるスペースがあると、靴も楽に脱ぎ履きでき、宅急便などの荷物一時置き場にもなり、接客以外にも重宝する。花や季節の人形を飾れば、季節感を楽しめる

◯ 玄関手前のスペースの有効活用

ベンチや物置を設置する

玄関外に余裕があれば、小さくてもコミュニケーションスペースを設けたい。近所付き合いや、ちょっとした屋外作業ができるスペースになる。掃除道具や庭の手入れをする道具などをしまう物置があると便利

rule 2

リビングやキッチンの生活感を隠す

コロナ禍を受け、外から室内に入ってすぐの手洗い・うがいが習慣化しました。そこで、トイレの手前に手洗い場を設けるのがお勧めです。洗面所にある洗濯機や化粧品、奥の浴室など、生活感の強い場所をお客さんに見せずに済みます。同じく生活感のにじむオープンキッチンもすっきり見せる工夫が必須です。

○ 手洗い器の設置位置

トイレ手前に手洗い器を

トイレ内の手洗い器は小さいことが多く、特に小さい子どもは使いにくい。トイレの手前に洗面台を設ければ、トイレ使用中にも手を洗うことができる

専用手洗い器のススメ

手洗い・うがいのため、キッチンのシンクを貸すことも考えられる。しかし、キッチンを見られることに抵抗のある人は多く、衛生面でも手洗い器は別に設けたい

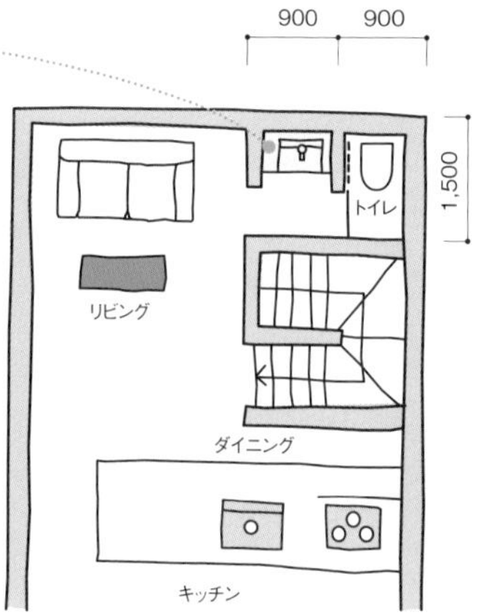

○ 生活感を感じさせないキッチンの設え

生活感はパントリーに隠す

パントリーは食品庫としてだけでなく、いろいろな荷物の一時置き場としても活用できる。荷物を出し入れしやすいよう、奥行きは浅く、間口を広く確保したい

オープンキッチンには立ち上がりを

キッチン作業台前に高さ1,200㎜のカウンターを設ければ、ダイニングテーブルに座るお客さんからはシンクなどが見えない

rule 3

向かい合わずに同じ空間で過ごせる設えにする

たとえ家族仲がよく、リビングで過ごす時間が長くても、常に向かい合う状態でいればストレスにつながります。同じ空間にいながらも、別々の作業ができる空間であることで、家族それぞれが安心して落ち着ける空間となり、居心地のよい家になります。

○ 場を共有しながらも別の行動が行える空間

1つの空間の中に複数の居場所をつくる

同じ空間（LDK）に家族がいても、常に同じ行動をしているわけではない。必要以上に視線が交差することなく、それぞれの作業ができる空間や設備がそろっていることが大切

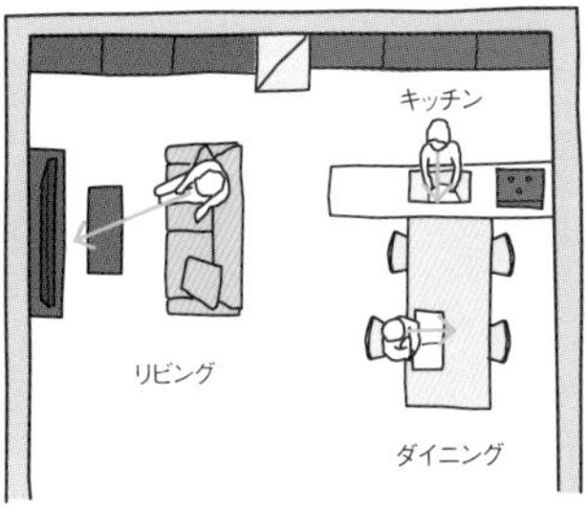

rule 4

内側からの防犯も考える

2ロックの窓や扉を採用したり、防犯カメラを設置したりするなど、防犯の意識が高まっています。しかし、家事代行やベビーシッター、ペットシッターなど、家族（大人）の不在時に他人が家の内部に入り作業してもらう場面は、今後増える可能性があります。どこまで他人が入るのを許容するのか、「家のなかのセキュリティライン」をあらかじめ考えておきましょう。

○ 家の中のセキュリティライン

他人を入らせない線引きを明確に

入ってほしくない部屋や階段の手前に施錠する、もしくは収納にロックをつけるなど、家のなかのセキュリティラインを決める

教育のプロ直伝！

子どもと共に育つ環境づくり

子どもの自立心を育むモンテッソーリ教育では、子どもたちが保育者にあたたかく見守られ、豊かな教材と教具のそろった環境で、自分の意志で選択した活動に集中して取り組むことが重要視されています。子どもの個性や能力を十分に引き出す工夫は、リビングや子ども室での過ごし方、料理の手伝いなど、さまざまな日常の行為にもつながります。住宅の設えの工夫次第で、子どもは日常生活の技術を習得しやすくなり、親子が楽しく生活する環境がつくれます。

※１モンテッソーリ教育における子どもの「お仕事」とは、子どもが自分自身を成長させる活動のこと。日常生活の練習・感覚・言語・数・文化の５領域があり、目的に沿った教具・教材を用いて行う

（監修：三浦直樹）

rule 1

LDの一部を子どもが遊ぶスペースに

核家族化、共働き家庭が増えている昨今、親が子どもと生活を共にし、顔を合わせて話をする機会が以前に比べ減っています。そこで、リビング・ダイニングで子どもが「お仕事」※1できる環境が整えば、大人が調理や片付けなどの家事をしながら子どもの様子を見守ることができます。また、子どもが遊ぶ場所を区切って指定することで、意識して遊びを考えるようになります※2。TVなど一方的（受動的）な刺激は見る時間を子どもと決めたり、親と一緒に共感したりといった工夫をして、コミュニケーション能力の発達を心がけましょう。

◯ 同じ空間で親子が作業できる環境

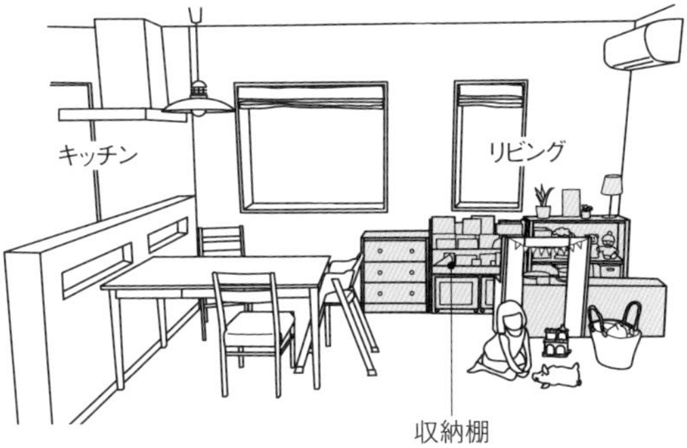

キッチン
リビング
収納棚

子どもが「お仕事」できるスペースをリビングに確保

キッチンからもよく見える場所を「お仕事」スペースにする。そこに子どもの扱いやすい高さの収納棚を置いておくと、片付けも「お仕事」の1つになる。収納棚の寸法は使用する道具や子どもの身長に合わせて、しっかり目で見て奥まで手が届く大きさがよい

◯ 子どもの居場所の考え方

ラグマットの上を遊ぶ場所に

小さなラグマットを敷くなどして、おもちゃを広げてよい場所との境界を意識させる。広さは、1畳程度はほしい。子どもの認知空間として広すぎると把握できず、狭すぎると煩雑になる傾向がある

ラグ
1,365
1,365

※2 家でモンテッソーリ教材を扱うのはお勧めしない。教材（教具）の扱いを学んだ教員から、目的に沿った活動を提示した方がよい。また、家で購入するとついつい「勿体ないからやらせる」傾向があるが、やるか否かは子ども自身が決めるもの

rule 2

子ども室には子どもが使える収納を設置

子どもの自立を促すには、子ども室が有効です。スペースが限られる場合でも、ベッドと勉強机だけの最低限の設えでなく、自分の服は自分で選び、自分でしまうことができる収納も設けるのがポイントです。ただし、子どもの手が届かない位置に棚板を設けると、片付けることをあきらめてしまうので要注意。

○ 自立心を育てる子ども室の設え

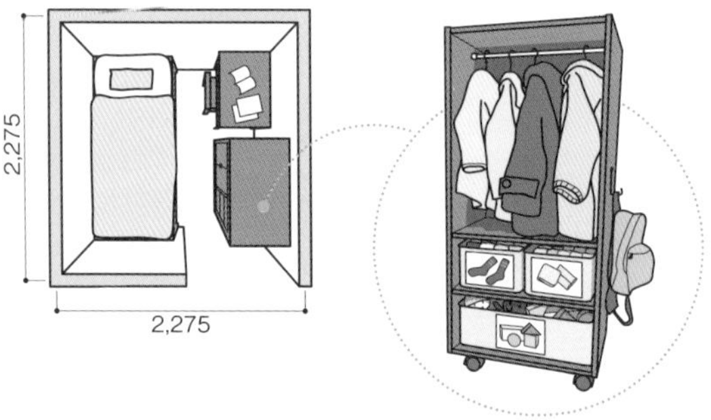

写真や絵で戻す場所を示す

収納の大きさは子どもの成長に合わせる。子どもが小さいうちは、しまうモノの写真や絵をしまう位置に貼り、戻す場所を分かりやすくするなどの工夫で、子どもが自分で片付けられるようにしたい

rule 3

きょうだいは同部屋が◎

きょうだいが同じ部屋で過ごすメリットは、きょうだいどうしで学び合えること。部屋を別にすると、相手への思いやりが育まれる時間がどうしても少なくなります。特に幼少期の子どもには大人に比べ部屋をより広く感じるので、狭さは意外と感じないもの。年上だから個室を、年下だから個室はまだ、ではなく、子どもを大人と同等の１人の人として認め、自己管理を学ぶことが大切。

○ 年齢に合わせた子ども室の変化

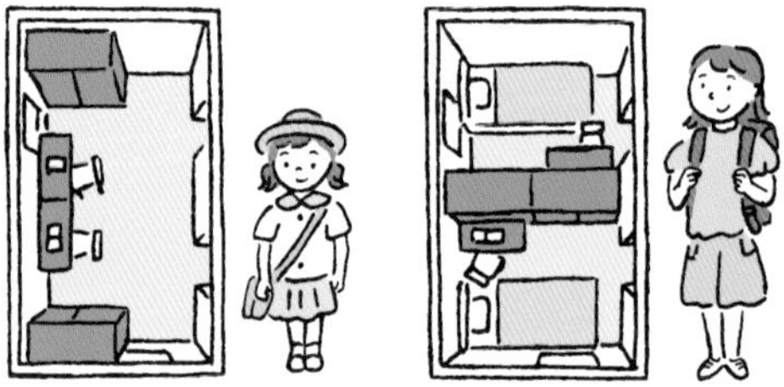

小学校低学年からは１人部屋に

小さいころはきょうだいが同じ部屋で過ごすことで、成長し合える育ち合いの環境となる。自立のためには、小学校低学年ごろに１人部屋を与える。家具などで間仕切ってもよい

暮らしをワンランクアップ！

食べ物の好き嫌いをなくす子育て

健康のためにも、豊かな食体験のためにも、子どものころから薄味に慣れさせ、食べ物の素材の味が分かるように育てたいものです。そのためには、好き嫌いなくいろいろな味を体験させることが大切。一緒に調理し、少しでも手伝えると、自分がつくった料理だと感じて好き嫌いなく食べてくれる子が多くいます。道具は小さな子どもサイズの本物を使わせます。ニセモノで練習させると怪我への注意力が養われず、本物を使った時にかえって危険だからです。踏み台を利用して､大人と同じ高さで作業してもよいですが、台所に子ども用の作業テーブルを置けるスペースを確保するとなおよいでしょう。

小さな子どもの手伝い方

大人と同じ高さで作業するには踏み台（高さ約 200 ～ 300 ㎜）を用いる。大人が、立っている子どもを後ろから支えられるよう、通路幅は広めに確保しておくとよい。また、IH よりも火が見えるガスコンロのほうがよい。危険だからこそ、丁寧に扱う事を学ぶ機会となる

子ども用の作業台を用意するのがベスト

子ども用の作業台は年齢や身長にもよるが、身長 120㎝までの子どもの場合、椅子の座面高さは身長の 25% 程度、机の天板の高さは同 44% 程度、大きさは道具とまな板、食品がのるサイズを想定する（JIS S 1021：2011 に基づく）。初めて包丁を使わせる際には切りやすいキュウリがお薦め。転がって切りにくいものは、あらかじめ半分にしたものを切らせるなどする。キッチンから見える場所のテーブルで作業してもらってもよい

子育てのプロ直伝！

思春期までに子どもが自立できる部屋づくり

趣味は「一生もの」

あら、お隣さんに……
田中さん、お嬢さんのお式、いよいよね！今日は打ち合わせ？
ニコ
そうなの～♪
ニコ
でも…一人娘が家を出てゆくのは寂しいでしょう？ やけに嬉しそうだけど
寂しくないわけじゃないけれどこの家を建てる時、旦那と約束してたことがあるの
娘が家を出たら、部屋を私の趣味用に大改装してもいいって♪今から夢がふくらむわぁ～
まずは山手線のジオラマ作って埼京線と中央線も作らないと…
チャ…
元鉄道オタクの血が騒ぐわ…ぐふふ

人間の寿命を85歳と考えると、30歳で家を建てれば約55年間その家で暮らすことになります。そのうち、子どもがその家で過ごす期間は、母親のそばで過ごす幼児期を除くと、思春期前後から10年間に満たないのです。しかし、子育ては「一生もの」と考える親が多いのも事実。家づくりにおいても子どもを重要視する人は少なくありません。自立した子どもを育てるには「家から子どもが出て行ったら子育ては終了」と考え、その時期までどう接するべきかを考えましょう。

（監修：辰巳渚）

rule 1

家事を見て、やって覚えてもらう

ただでさえ時間との闘いである家事をこなしながら、子どもに「手伝い」を教えるには、親の根気が必要です。そこで、教えるのではなく、「お皿を出してほしい」「卵を割ってまぜておいてほしい」というように手を借りるという考えに切り替えましょう。教わらなくても、見て覚えることが子どもにとって重要です。また、気まぐれに手伝いさせるのではなく、家族の一員として一定の役割を与えるほうが効果的です。

◯「考える力」が育つお手伝い

10 歳になれば家電も使いこなせる

10 歳ころになると、米を研いで炊飯器をセットしたり、食器を拭いて片付けたりなど。身長を考えると普通のキッチンは高いため、作業しにくい場合は台（高さ 100㎜程度）などが必要

中学生は家族分の調理に挑戦

中学生になったら、家族の料理をつくる、必要なモノを自発的に買い足すなど。その際、どこに何を収納しているのかを親子共通で認識できるようにしておく

まずはペットお世話からも◎

6 歳くらいであれば、ペットにフードをあげるなど。手伝いをすることで、手や身体を使い「考える力」が育まれる

rule
2

思春期までに家事の自立を促す

子育てとは、親元を離れて自立するときまでに自分の身の回りのことは自分ででき、人とよい関係を保つことができるように、仕込むこと。思春期以降は親の言うことを素直に聞かなくなるだけでなく、そもそも家にいる時間も短くなります。なので、1歳過ぎて自力で歩き言葉を発するようになってから、思春期を迎えるまでの間に、自分のことは自分で行い、家事も手伝うように教えられれば、自立した際に困りません。

◯ しつけが上手になるコツ

親子で役割分担する

掃除の際は、子どもにはモノを「元に戻す」、ごみを集めるなどを任せ、親は掃除機をかけるというように、役割分担するとよい

親が先回りしない

家庭でしつけがうまくいかない理由の1つは、母親が子どもの身の回りのことや家事を先に先にとやってしまうこと。小さなうちは仕込みの時期と考えて、自分の服を自分で片づけられるクロゼットなどを用意し、親が見守れるような環境づくりをする

◯ 家事の方法は遺伝する!?

**見直すときは、
自分の実家を振り返る**

家事は親を真似て学び、その習慣が自然と染み付くもの。家事の仕方や設えを改善したいと考えたときには、一度、自分の親の家事はどうだったか、実家の間取りがどんな感じだったかなどを振り返るとよい

rule 3

収納スペースを決め、片付け 3 原則を身に付ける

片付けの基本はモノを「元に戻す」こと。その習慣を小さいうちから身につけさせるには、おもちゃはおもちゃ箱に、本は本棚にと、モノの居場所をまずは親が決めておきます。「元に戻す」ということが身についたら、「捨てる」「定位置を自分で決める」「定量を保持する」の片付け 3 原則を身につけさせましょう。

○ 子ども室で身に付けること

まずは「元に戻す」から

まずはモノを収納スペースに「元に戻す」ことを覚えさせる。次に、限られた収納スペースに収まるよう、モノを捨てることや、どの位置にどれぐらいの量があると収納しやすいかを身につけさせる

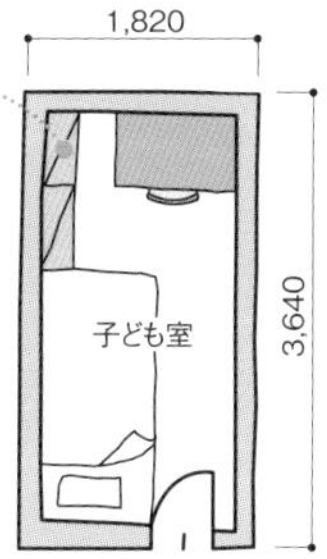

自室の清潔を自分で保つ習慣を

小学生のうちから片付けをしやすい設えの子ども室があるとよい。自分の部屋に掃除機をかける、ベッドのシーツを変えるなどが、身の回りをきれいに保つ訓練になる

rule 4

小さいうちはダイニングに勉強スペースを

小さいうちから 1 人で勉強することは難しいので、ダイニングなど親が見える場所で勉強できるスペースを確保しましょう。家庭での会話を通して、相手が話をしていることを理解し、自分の考えを伝える、という訓練が学力の向上につながります。急な来客で困らないよう、子どもの勉強道具などを「とりあえずしまえる」スペースが近くにあると便利です。

○ もしもの一時収納スペースの確保

間口の広い納戸が◎

4.5 畳ぐらいの納戸があると便利。奥のモノも取り出せるよう、納戸はできるだけ間口を広くする

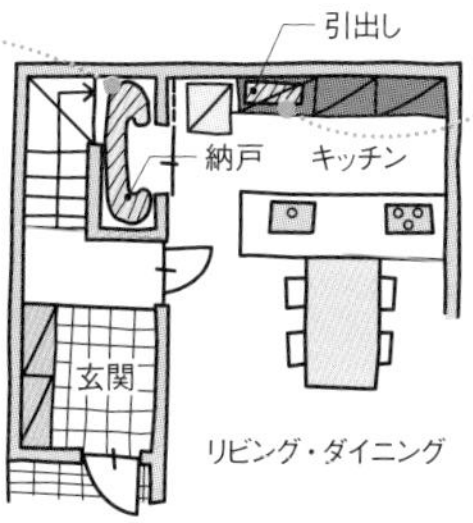

さっとしまえる引き出しを置く

郵便物や子どもの学校からのお知らせなど、引出しも一時収納スペースとして活用できる。あくまで一時収納スペースなので、収納がいっぱいになったら元の場所に戻すように心がける

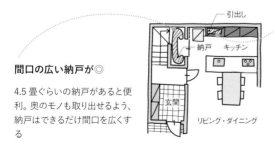

介護のプロ直伝!
車椅子対応の設えが正解とは限らない

備えを万全に…!?
やっぱりずっと住むわけだし、老後のことも考えておかなきゃな
うんうん
新居は絶対バリアフリーにしましょう
ふむふむ
ドアは移動の妨げだし、段差は解消して間仕切もできるだけ少なくして…と
キュッ
キュッ
ピンポ～ン
ガチャ
数カ月後…
は～い
2人とも、新築祝いに来たよ～っ! 新生活はどう? って…
何この部屋…
老後に備えてバリアフリーを徹底したら
て、展示室みたいな部屋になっちゃった…

バリアフリーを目的として、あらかじめ車椅子対応の住宅が好まれる傾向にありますが、すべての高齢者が車椅子生活になるわけではありません。車椅子対応の設えが、普段は不便になることもあります。基本的には、従来の生活習慣を高齢になっても維持できるような住まいが理想的。畳敷きの伝統的な日本の住宅は、実は高齢者に向いている優しい住宅の1つのかたちです。将来、病気などに応じて設えを変えられるように、ある程度変更可能な間取りだとより安心です。

（監修：三好春樹）

rule 1

車椅子でもスロープは不要

バリアフリーの目的で、階段の代わりにスロープを設置することがあります。しかし、スロープは場所を取るうえ、上り下りには思いのほか不便。そもそもスロープがあることで行動範囲が広がる疾患は少ないのです[※1]。スロープを設置するよりも、介助者がいれば車椅子でも上れる段差の階段にするほうが現実的です。

○ 車椅子で上り下りできる段差

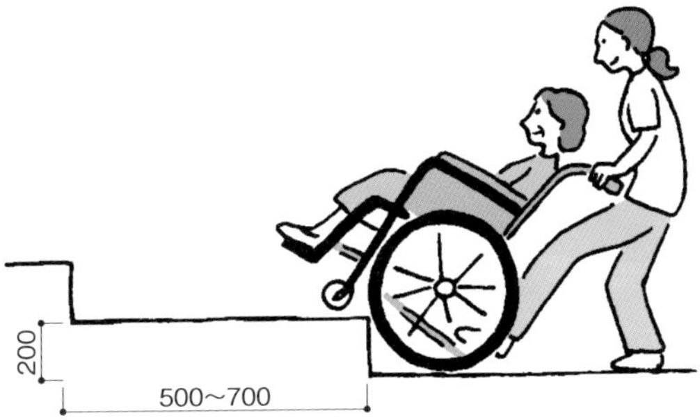

段差は200㎜程度が目安

介助者がいれば、車椅子で蹴上げ（1段の高さ）200㎜程度の段差を上がることができる。40㎝以上の高い段差がある既存の階段には、手前に20㎝の台を設置し、車いす対応とする方法も。スロープでは常に力を入れていないといけないが、階段なら力が必要なのは一瞬のため、介助者の負担も減る

踏み面の奥行きは500～700㎜は確保する

車椅子の全体が、脚部も含めて踏み面に乗るためには幅700㎜程度、奥行き800㎜程度のスペースが必要になる。奥行き1000㎜あれば、介助者も一緒に乗ることができる。2段目以降が低い場合は、脚部がひっかからないので、前後輪の間隔（500㎜程度）でも乗せることが可能

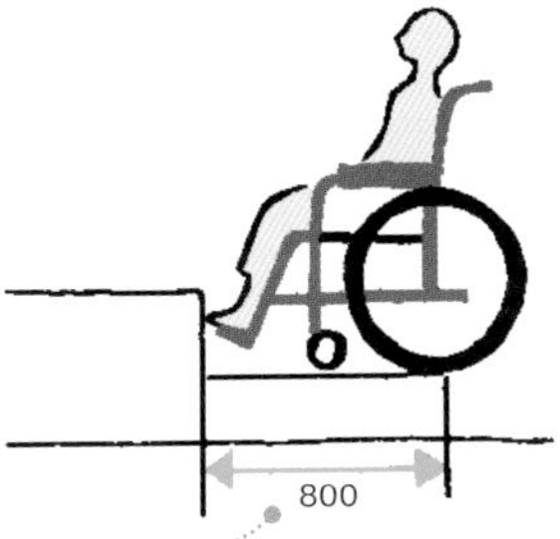

介助者は操作のコツを押さえる

階段を上るときは、まずティッピングバー[※2]を押して前輪を浮かせ、前輪を段に乗せる。後輪は無理に持ち上げようとせず、段差にぴったり押し付けたまま前に進むようにすると上れる。降りるときは、後輪を段差の角に付けたまま後退し、後輪が踏み面に付いたら前輪を軽く持ち上げやさしく降ろす

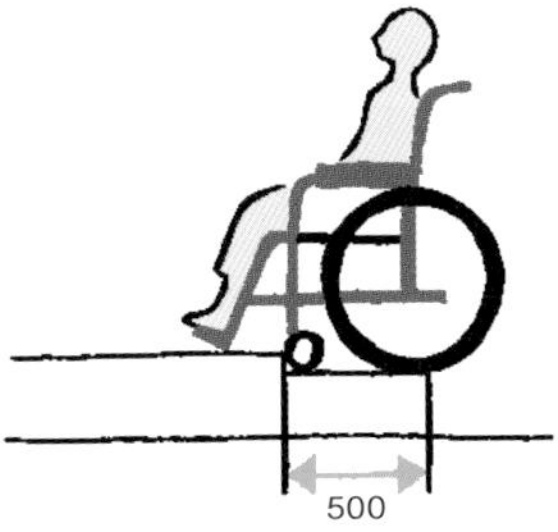

※1 パーキンソン病などの疾患では、むしろ階段のような「目に見える段差」のほうが意識して足を上げるので移動しやすい［126頁］
※2 車椅子で段差を越える際、前輪を浮かせるために介助者が踏み込むレバー

rule 2

家具・設備は車椅子や介護の生活に備えたつくりに

洗面台やダイニングテーブルなど普段使うものの寸法が、介護時に問題になることがあります。車椅子用の家具が高すぎて使いにくかったり、居心地が悪かったりするケースは珍しくないのです。落ち着いて食事に向き合いたいダイニングなどでは、ちょうどよい高さの椅子に座り代えるのも一案です。椅子やベッドは、座った状態で一度足を引けるようになっていないと立ち上がるのが困難になってしまいます。理想的な寸法の目安を押さえておきましょう。

○ 車椅子でも使いやすい洗面台の設え

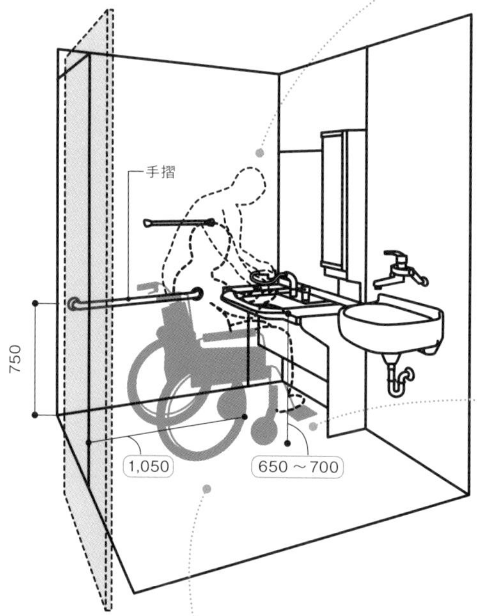

介助者のスペースも考慮

洗面台の前には車椅子と介助者を考慮して、壁やドアまで1,050㎜程度のスペースを確保したい。また、一時立ち上がり用に高さ約700㎜の手摺を設けたい

洗面台の下は空けておく

洗面台は下部に足を入れられるよう、棚などがないものを選びたい。高さは洗面台の下面が床から約650～700㎜。肘掛けがぶつからないよう隅部をへこませるのも◎

回転できる余裕を見込む

車椅子の基本的な寸法は全長が約990㎜、幅約630㎜、座面の高さは約400㎜。回転時には直径約1,490㎜のスペースがほしい

立ち上がりやすい家具の設え

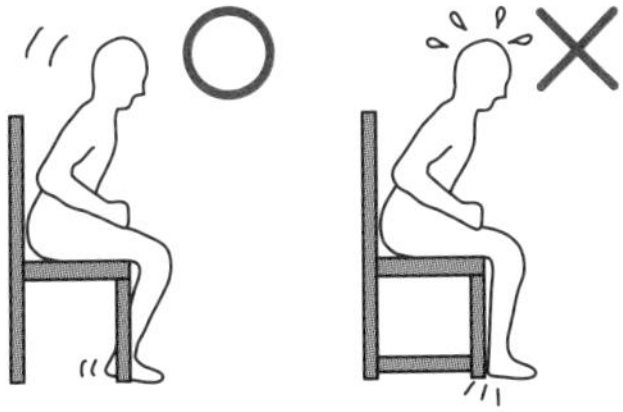

軟らかすぎる座面はNG

使う人の下肢の長さに合った高さのものを選ぶ。座面のマットは軟らかすぎないほうがよい。椅子の足の間になにもなければ、座った状態から足を引くことができ、立ち上がりやすくなる

ベッド下収納はないほうがよい

一人ひとりの足の力と下腿の長さに応じて、立ち上がりやすいベッドの高さが決まる。力が弱い場合は少し高くすると立ち上がりやすくなる。ベッド下に収納がある場合は足を引く隙間がないのであまり適さない

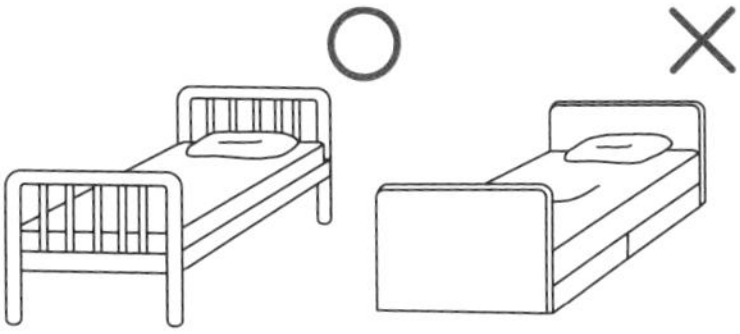

rule 3

動作に合わせた位置に設置する

歩行や立ち上がりを補助する手摺は、高齢者でもつかみやすいように直径は30～40㎜[※3]、壁からは30～50㎜離れるように設置しましょう。高さは使用者に合わせますが、標準的には移動用で750～850㎜、立ち上がり用で500～600㎜。トイレの便器や椅子の近くでは、座っている人の目の前に手摺を設置するのが理想的です。

立ち上がりやすい手摺の位置

低めの位置にあると立ち上がりやすい

立ち上がるための手摺は、前方のやや低めに設置する。距離も高さも小柄な人なら500㎜、大柄な人なら600㎜が目安。設置場所の壁には下地補強を施しておきたい。その位置に壁がなければ500～600㎜の高さの台を置くとよい

手摺を下に押すように力を入れる

人は立ち上がろうとするときに重心を前に移動させる。そのため、手摺をもって体を引き寄せるよりも、手摺を軽く押して立つほうがお尻を上げやすく、立ち上がる動作のうえでは理にかなっている

※3 手摺の直径は用途によっても変わる。横に設置する移動用は30～40㎜の円形もしくは楕円形、縦などに設置する動作補助用の手摺は直径28～35㎜となる

rule 4

トイレは戸と便器の方向に配慮する

トイレでは、便器に対面するような位置に戸を設けるのはなるべく避けましょう。トイレに入ってから便器に座るために 180° 回転しなくてはならないからです。車椅子対応にするには、便器と平行に車椅子が止められるようなレイアウトにしましょう。

○ 高齢者にやさしいトイレの設え

可変式
テーブル

便器前方に
400㎜以上のスペースを確保

便器の前方は、壁や手摺に頭がぶつからないよう、400 ～ 600㎜程度空ける。紙巻器は力が弱かったり手がふさがったりしていると上手くちぎれない場合もある。要介護者は落とし紙のほうが◎

手摺は
可動式テーブルで代用可

便座から立ち上がるための手摺は、座っている人の目の前に設置する。便座の高さが 400㎜程度なら手摺の高さは 600㎜が目安。可動式のテーブルを用いてもよい

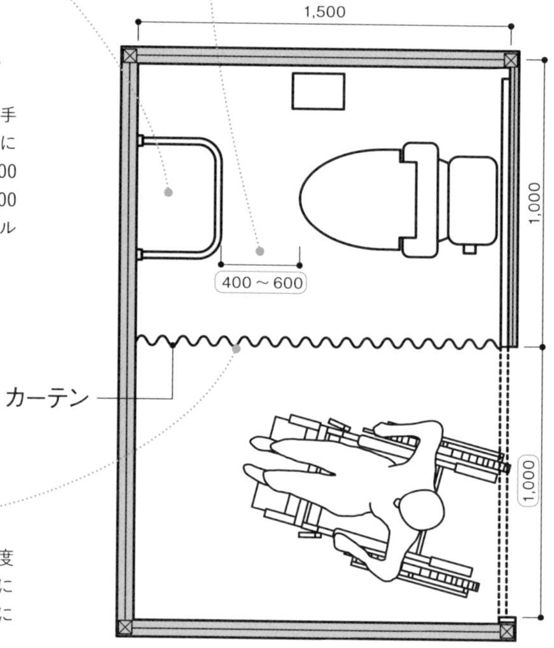

1,500
1,000
400 ～ 600
カーテン
1,000

入口は引き戸が◎

入口の幅は最低 1,000㎜程度とり、引戸にすると開閉も楽になる。便器が見えないようにカーテンを付けるのも手

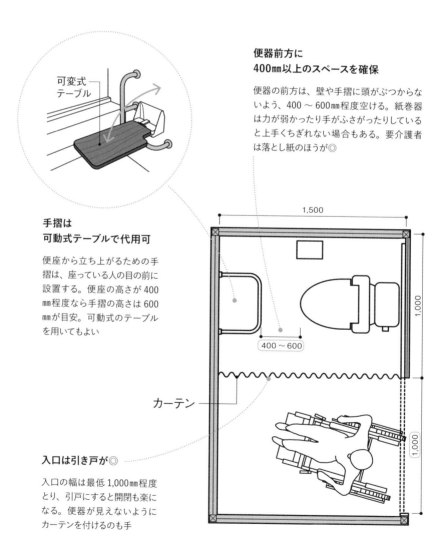

rule

5

浴槽は大きすぎず、洗い場は広く

高齢者施設に多い寝たまま入るタイプの浴槽では、浮力で体が浮いてしまい、せっかくの入浴なのにリラックスできません。実は昔ながらの狭いお風呂が介護には向いています。一方、洗い場は介助者も一緒に座って入れる広さがあると介護しやすくなります。脱衣室まで洗い場を拡張してもよいですが、通常の２倍程度の広さがあるのが理想的です。

○ 安全で介護しやすい浴室の設え

浴槽の縁は掴みやすい暑さに

浴槽の縁を手摺代わりにつかめるように、縁の厚さは50㎜以内にする。素材は薄くつくれるステンレスがお薦め

脚より長い浴槽は避ける

浴槽の長さはひざをかるく曲げて足の裏が着く長さだと、リラックスしてお湯に浸かれる。また、内側面が直立し、幅が適度に狭いほうが体が支えられるうえ、立ち上がりやすい

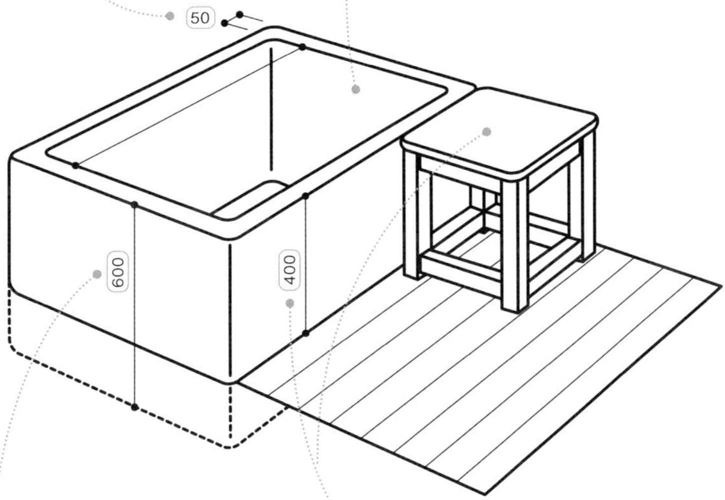

浴槽から出るときは浮力を生かす

浴槽から洗い場に出るときはお湯の浮力を利用するので、深さは肩まで湯に浸かれる600㎜程度がよい

浴槽は半埋め込み設置がお勧め

洗い場の床からの立上りは、400㎜だとスムーズ。浴槽の深さとの兼ね合いで、浴槽は半埋め込み型にするとよい。床から浴槽の縁までの高さの台を用意すると、浴槽への出入りがしやすくなる

介護のプロ直伝！

高齢者の生活習慣はなるべく変えない

お薦めよりお気に入り

年を取ってからはベッドがよいとの意見もあります。布団に比べて介助しやすく、座ったり立ち上がったりの動作や、車椅子への乗り移りが楽になります。しかし一方で、場所をとるうえ、転落の危険があります。何より今まで布団での生活だった場合、生活習慣の変化が大きなストレスになり、不眠症になってしまったり、認知症の患者さんが布団だと思ってベッドの上に立ち上がり、けがをしてしまったりすることも。高齢者の生活習慣はなるべく変えないほうがよいのです。

（監修：三好春樹）

rule
1

床は滑りにくく&段差は大げさに！

高齢者は滑ったりつまずいたりしやすく、小さなアクシデントが骨折や大きなけがにつながることも。床材はある程度滑りにくくすることが大切です。今までの生活環境を考慮して決めましょう。滑りにくいフローリングでも、室内でスリッパを履くと滑りやすくなってしまいます。また、どうしても段差ができてしまう場合は、見た目に分かりやすい段差とするのがポイントです。

○ 床材選びの重要性

室内の転倒は骨折につながりやすい

高齢者は足元への注意力が散漫になっている。足腰が弱く、骨《こつ》粗《そ》鬆《しょう》症《しょう》の場合も多く、軽い転倒でも骨折などにつながってしまう。介護施設などではクッション性のある軟らかい床材を採用しているケースも多い

○ フローリング+スリッパは危険

スリッパは転倒リスクが高い

靴下のまま歩いたり、足に合わずにすぐに脱げるスリッパを用いたりするのは滑りやすくて危険。高齢者はすり足で歩くことが多いため、滑り止め付きの靴下などはかえって転倒の危険が増すおそれもある

○ 裸足で過ごせる畳のススメ

縁の段差は大げさに

畳は軟らかくて滑りにくいため高齢者の住宅に向いている。ただし畳の縁や敷居の溝がわずかな段差になっていて、その段差を目視で確認できない高齢者がつまずいてしまうことも。高さ400㎜程度の段差をつけた小上がりとし、手摺を設置するなどの工夫をするとよい

rule 2

疾患に応じて必要な設えを整える

介護と一口に言っても、疾患によって必要な介助や設えは変わります。ここでは、介護が必要になる主な疾患とその原因を紹介します。疾患ごとに必要とされるケアを把握し、患者さんと正しく向き合えるよう、それぞれの疾患への理解を深めましょう。また、疾患によって杖や車椅子が必要になることも多いので、その際に必要な寸法を押さえておくことも大切です。

◯ 介護の原因①　脳血管障害（運動麻痺）

麻痺の程度に応じた対応を

脳の血管が詰まる脳梗塞や、脳の血管が破れる脳出血・くも膜下出血の大きく2つがある。脳血管障害の後遺症として運動麻痺が起こると、介護が必要になる。左半身か右半身の手足が自分の意思で思うように動かせなくなる「片麻痺」を起こすケースが多い。程度によって6つのステージに分けられており、それぞれにあった介助生活への心がけが必要となる［右表］。麻痺している側の視野が狭くなるなど、視覚障害も併発することが多いので、患者さんの視野のある側なども把握しておく

片麻痺のステージと行動の制限

ステージ	行動制限
Ⅰ・Ⅱ・Ⅲ（体重を支えられない）	・立ち上がりに手摺や介護者の助けが必要 ・移動は車椅子で行う
Ⅲの一部（体重を支えられる）	・長下肢装具と杖を使えば歩行可能 ・長距離などは車椅子を使用する
Ⅳ	短下肢装具と杖を使えば歩行可能
Ⅴ	杖だけでも歩行可能
Ⅵ	杖がなくても歩行可能

◯ 介護の原因①　パーキンソン病

床の目印で歩きやすく

脳神経の異常によって起こる進行性の病気。薬治療により症状を改善させることはできるが、完治はしない。パーキンソン病の患者は筋肉がこわばり、前かがみの姿勢をとることが多くなり、まっすぐ歩けるのに曲がれない、歩幅が小さい、寝返りが打てないなどの症状が生じる。意識して障害物をまたぐのは問題なくできるので、分かりやすい段差や目印を床に設ければ歩きやすくなる。また、床からの小さな段差を利用して立ち上がることが多いため、寝具はベッドよりも布団のほうが向いている。症状の程度が急に変わるため、室内は自力歩行と車椅子両方で扱える設えにしておくとよい

◯ 介護の原因③　関節リウマチ

時間帯で変わる症状に配慮

中年以降の女性に多い病気で、症状の程度によって4つのステージに分けられている。なかには「朝のこわばり」といって、起床後に関節がうまく動かせなくなるなど、午前と午後で程度が変わることがある。生活のリズムやスタイルに合わせて手摺の設置や介助する場所の設定などを考慮しておく

関節リウマチのステージと症状

ステージ	行動制限
I	朝のこわばりはあるが日常の家事には支障がない
II	関節が痛み、動きに多少の制限はあるが、日常生活は送れる
III	歩行に杖が欠かせなくなり、身の回りに介助が必要となる
IV	寝たきり、または座ったきりの状態で、全介助となる

◯ 介護の原因となるそのほかの障害

転倒のリスクを最小限にする

高齢者が寝たきりになってしまうきっかけとして多いのが骨折。運動麻痺（片麻痺）の場合はバランスを崩して患側に倒れてしまい「大腿骨頸部骨折」、しりもちをついて「脊椎圧迫骨折」など、骨粗鬆症があるとちょっとした転倒も危険。その後の生活が一気に困難になってしまうので、転倒しにくい設えの工夫が重要。具体的には、通路はできるだけ壁や家具に手をついて歩けるようにする。通路幅は狭くても伝え歩きだと歩きやすいカーペットやマットなどのわずかな段差にもつまずいてしまうことがあるため、床材や家具も見直したい

◯ 杖や車椅子の使用時に必要な寸法

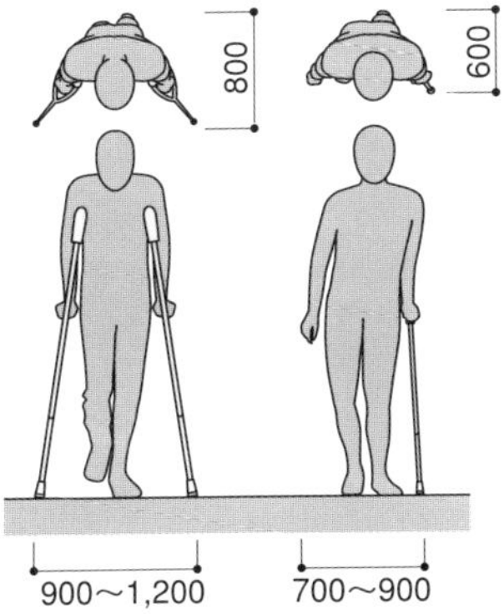

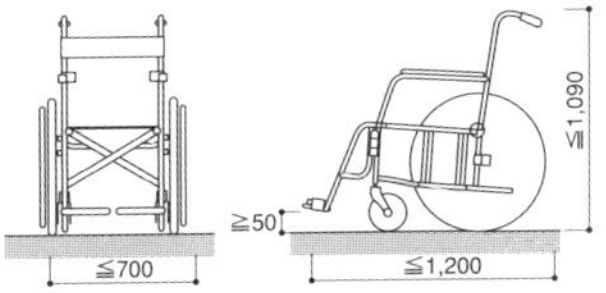

車椅子は幅1200㎜＋αを確保

杖を片手で使用する際の歩行には700～900㎜程度の幅が、松葉杖を使用した際は900～1,200㎜程度の幅が必要になる。姿勢は総じて前かがみになりやすいことも考慮しておきたい。車椅子のサイズはJIS寸法によって上記のように決まっている。通路などはここからさらに余裕をもたせるとよい※1

※1その場で360°回転する場合は直径1,500㎜程度のスペースが必要。なお、電動車椅子の最大寸法は、基本的には手動車椅子と同様だが、車輪が小さいため360°回転する場合は1,820㎜程度のスペースが必要になる

地震に備えた安心のトイレ

トイレのプロ直伝！

トイレは盲点

トイレは生活に必要不可欠なもの。特に災害時には、その重要性が浮き彫りになります。水や食糧はある程度の我慢ができますが、排泄は我慢できません。しかもトイレの環境が変わるだけでもストレスへとつながってしまいます。トイレに行く回数を減らすため、水分を摂らずに脱水症状を起こす人も。地震などの災害後には、自宅のトイレが使える状態かどうかを判断できるようにしておくことが大切です。万が一のために、災害用トイレを用意しておきましょう。

（監修：加藤篤）

rule 1

安心できるトイレは人それぞれ

安心できるトイレの条件は、①明るい、②清潔、③便器に座った際に足がきちんとつく（子どもには台を用意する）、④安全に使える（手摺などが適切な位置にあるかどうか）などです。新築の際には、戸の向きや紙巻器の位置などの細かい部分も、自分の好みを洗い出しておくとよいでしょう。また、地震が発生して水洗トイレが使えなくなったときのために、災害用トイレの備えも欠かせません。１人あたり7日分 =35 個は備蓄が必要です[※1]。

○ 安心感のあるトイレの最低条件

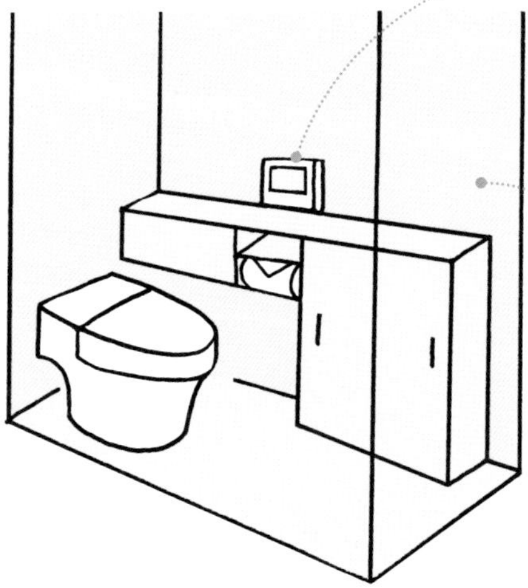

座った時の高さを基準に

手摺・棚は立ち座りの補助としても使えるように便器横に設置する。紙巻器・リモコンは便器に座った状態で操作できることが前提。また、便器の先端から壁までの寸法は最低でも 400㎜以上あるとよい

内開きドアは適さない

トイレに隣接している空間からの視線を考慮し、戸の位置や、引戸か外開き戸の開閉方式を決める。中で人が倒れた際にドアを開けられなくなるため、原則的には内開きにはしない

○ 災害時にも安心なトイレグッズ

携帯トイレの使用方法を確認しておく

携帯トイレは、吸水シートタイプや凝固剤を使用するタイプなどがある。使用している凝固剤などによって処理能力や使用期限などが異なるので平時に使い方を確認しておこう。主に、自宅の便器に被せて使用する

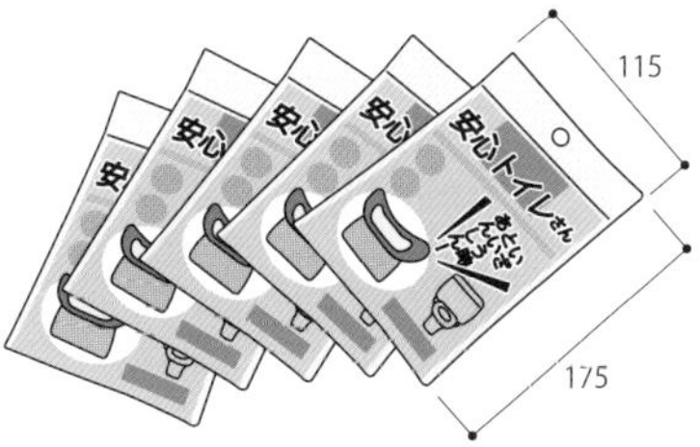

※1 災害時のトイレの平均的な使用回数は5回（目安）（内閣府防災担当「避難所におけるトイレの確保・管理ガイドライン」（平成28年4月）より）

rule 2

震災時はトイレを使用する前に排水設備の状態をチェック

災害が起こった際、断水や設備が破損している場合は、その原因が家の中、敷地内、もしくは敷地外なのかを確認することが大切です。そのためには給排水設備の状態が容易に確認できる、点検口の位置を把握しておきましょう。確認すべき部分の配管が破損していたり、地盤沈下や土砂で埋もれていたりした場合、トイレは使用できません。無理に使うと復旧が困難になってしまいます。

震災時のチェックリスト[※1]

チェックの流れ	確認のポイント
①トイレを使用する前に、トイレから公道のマンホールまたは浄化槽までの排水系統を目視確認	マンホールが飛び出している、汚水桝[※2]が土砂で閉塞している、排水管が損傷している、排水管が埋められる部分が大きく地盤沈下している、などの場合はトイレに水を流さない
②目視で外観に異常がなければ、バケツなどで流してみる	バケツなどで水を流し、流れを確認する。ただし、トイレットペーパーは詰まりやすいので流さない。便器内の水位が上がる、便器から水が跳ね出す、便器内の水がボコボコする場合は、トラブルの可能性があるため、携帯トイレを使う
③汚水桝の流れを確認する	汚水桝の中にトイレットペーパーを丸めて投入する。少し時間をおいて確認し、トイレットペーパーがなくなっていなければ、トイレに水を流すのをやめ、携帯トイレを使う

建物と地盤の揺れは異なるので、配管類が建物外に出る部分は衝撃を受けやすい

戸建住宅の汚水枡の位置

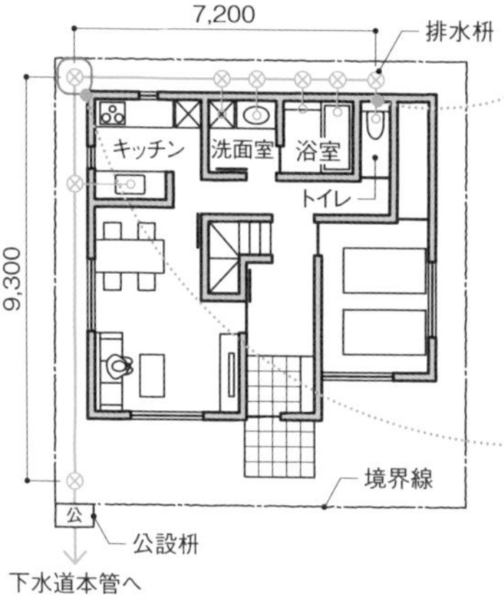

排水の仕組みを把握する

汚水枡が設置されているのは、主に排水管の起点や曲がる箇所、複数の排水管が合流する箇所。敷地内の排水は公設枡で合流し、排水は道路の下に埋まっている下水道本管へ流れる。平時に汚水桝の位置と状態を確認しておけば、災害時の確認がスムーズになり、異常がある状態かどうかも判断しやすい

損傷しやすい部位を知っておく

排水管の径や勾配が切り変わる場所や継手部分はトラブルが起きやすいので、重点的にチェックしたい

※1参考：集合住宅の「災害時のトイレ使用マニュアル」作成手引き（空気調和・衛生工学会 集合住宅の住宅避難のためのトイレ使用方法検討小委員会）｜※２地中に埋まっている排水管の点検口のこと。１m前後あり、蓋を開けて確認できる

2階にトイレがある場合の注意点

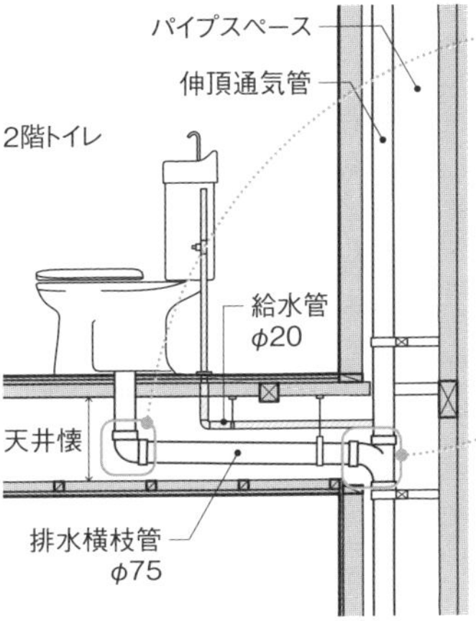
パイプスペース
伸頂通気管
2階トイレ
給水管
φ20
天井懐
排水横枝管
φ75

継手部分に要注意

トイレが2階にある場合、2階床下（1階天井）をとおる排水横枝管は、上下階をつなぐ排水縦管と合流する。地震などの振動で破損しやすいのはこの継手部分なので、点検口の位置を把握しておこう

rule 3 停電・断水時の洗浄方法を把握しておく

停電・断水時でも、排水管に問題がないことが確認でき、洗浄水を確保できる場合には「バケツ洗浄」という方法で流すことができます。その方法を押さえておきましょう。

便器のタイプと排水方式

タンクに水を注ぐのはNG

タンクに直接水を入れると、故障の原因になったり、カビが発生してしまったりする恐れがあるため、バケツ洗浄する際は便器に直接水を注ぐ※3

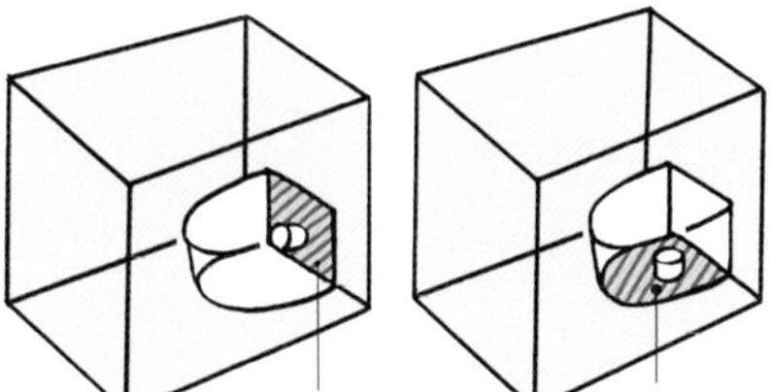
壁排水
床排水

壁排水なら直接目視も可能

便器の排水方式には、戸建住宅やほとんどのマンションなどで採用されている「床排水」タイプと、一部のマンションなどで使われている「壁排水」タイプの2種類がある。床排水は点検口からしか排水管を目視できないが、壁排水の場合は便器背面と壁との間にある排水管を確認できる

※3お風呂の残り湯などを洗浄水として使用する場合、見えない雑菌によりカビなどの原因になることがある

車のプロ直伝！

愛車の居場所はライフスタイルに合わせて決める

駐車スペースは戸建住宅の設計には欠かせない要素の1つですが、空間を確保するだけでは不十分です。車の所有者は、①移動手段として車を所有する人、②車を改造することを趣味とする人、③車の運転だけでなく鑑賞まで楽しむ人、の大きく3タイプに分かれます。車と良好な関係が築けるように、自分がどのタイプかを知ったうえで、車のベストな居場所を考えましょう。また、普及が進む電気自動車に必要な設備も要チェックです。

止まらぬ愛車愛

車庫はババーンと3台分で！
いいですね～車種は？セグは？
車好きの設計者の元には自然と車好きの依頼者が集まってくる
次の打ち合わせ
1台分増えちゃった
NEW
ではここも車庫のスペースにしましょう！
また次の打ち合わせ
また増え…ちゃった!!
ブォン
ボボボ
NEW!
えー!!
いいねー車御殿!!!
ブラボー!!
あなた…キッチンはどこ!?
父ちゃんぼくの部屋は…!?

rule
1

車の劣化を防ぐには屋内ガレージが基本

特に雪国や海の近い地域では車が傷みやすいので、駐車スペースは積極的にビルトインタイプを採用しましょう。また、一般的に使用される全体が格子状の「グリルシャッター」は、通気・採光に優れており、路面から車を見て楽しむこともできます。ただし、水や砂ぼこりの侵入を防げないので、天候の悪い日には車体にカバーを掛けるのが◎。大多数である移動手段として車を所有する人には、上部だけが格子状になっている「上部開放型シャッター」がお薦め。通気・採光も良好で、車の保護も容易。

○ 車が長持ちするガレージ

シャッターレールと照明の干渉に注意

素早く開け閉めできるオーバースライダー方式※1のシャッターは、開けたときに天井の照明器具と重ならないように要注意。天井高は2,000㎜以上必要。ファミリーカーの場合はさらに200㎜の余裕を

※1 スラットが天井に沿って収納されるタイプのシャッター。このほか、シャッターの開閉方法には、上下シャッター、横引きシャッター、巻き上げ方式などがある

屋内型には換気扇が必須

ガレージに車の排気ガスが溜まらないよう、換気扇を必ず設置する必要がある。また、採光と換気、どちらにも配慮した窓があるとよい

タイヤ置き場の確保も忘れずに

ガレージ内には、車1台に対して予備のノーマルタイヤとスタッドレスタイヤの合計2セット分のスペースを確保するとよい

○ シャッターの素材とその特徴

材質	初期費用	耐久性	高級感
スチール	安い	△	△
アルミ	普通	○	○
ステンレス	高い	◎	◎
木	高い	△	◎

メンテナンスの頻度が少なくて済む素材は、アルミかステンレス。高級感のある木製は、定期的な塗装などのメンテナンスが必要

rule 2

車とのかかわり方に応じて最適解を見つける

家族構成の変化に伴って大きな車に買い替えたり、ガレージに車以外の物を置いたりする可能性もあるので、駐車スペースは将来も見据えて検討しましょう。また、趣味として車を楽しむ場合は、作業スペースや設備などに工夫が必要です。

○ 移動手段として車を所有する場合

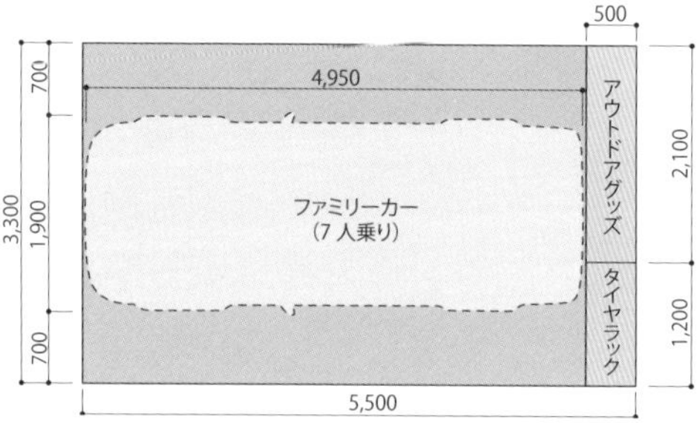

余裕をもってスペースを確保する

ライフプランに合わせて車の大きさを変えることも多いので、ファミリーカーを停められるスペースを確保しておくと安心。また、アウトドアが趣味の場合は、アウトドアグッズを置ける程度のスペースがあると望ましい

○ 車の改造を楽しむ場合

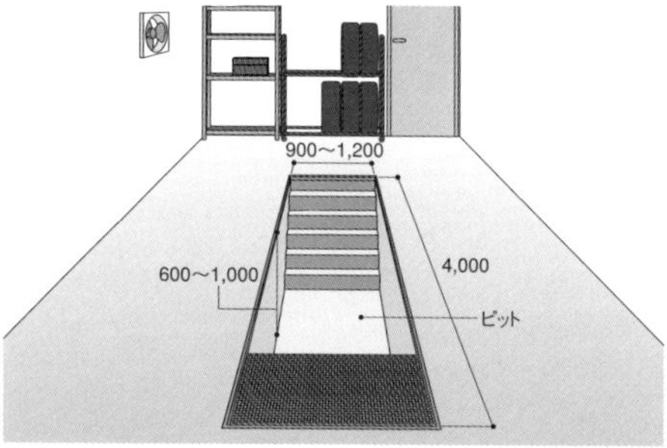

車の下にピットを設ける

工具を置いたり、車の下に人が入って作業したりするスペース（ピット）を確保する。洗車もする場合は排水溝や勾配も必要。さらに、エンジンなどを取り出す作業まで行う場合は、天井や梁に荷重を想定した設計が必要なので、設計者に伝えておこう※2

○ 運転から鑑賞まで楽しむ場合

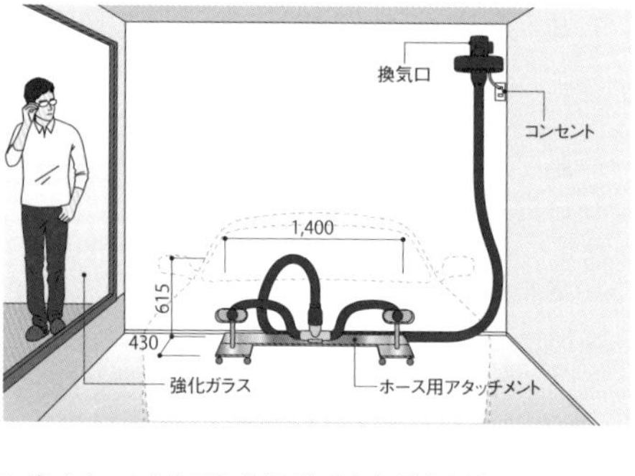

衝突や排気への対策を

車専用の部屋を作る場合、ガラスは扉とぶつかるなどの事故も考慮して強化ガラスにする。また、排気ガスの対策として換気扇が必要。マフラーと換気口をホースでつなぐタイプもある（左図）。ただし、停車位置から換気口までの距離に要注意※3

※2 エンジンをチェーンなどで梁に巻き上げて持ち上げたりするため
※3 ホースの長さは約5m。また、換気口の付近にコンセントが必要

rule 3

自宅で洗車するなら、水栓よりまずは排水！

自宅での洗車を希望する場合、駐車スペースに水栓が必要になります。しかし、それ以上に重要なのは排水計画です。建物の高さの関係で、駐車スペースは前面道路よりも低い位置になってしまいがち。水が溜まらないよう、ガレージに水勾配や側溝をきちんと設ける必要があります。

○ ガレージの排水計画のポイント

側溝＆勾配でスムーズに排水

水や洗剤を流すための側溝を駐車スペースの前に設ける。側溝に向かって水が流れるように、床は1/100以上の勾配を確保したい。また、水栓のホースは5m以上あると作業がスムーズ

rule 4

将来を見据えて電源のスペースを確保する

これからは、電気自動車（EV）や電気とガソリンを併用するプラグインハイブリットカー（PHEV）などのエコカーが主流となります。ガレージに専用のコンセントが必要となるため、今すぐの設置ではないとしても、スペースなどに配慮しておきましょう。

○ 充電用コンセント設置時の注意点

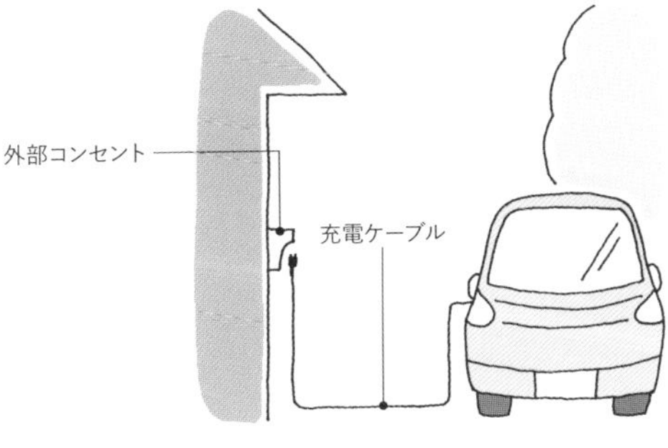

充電ケーブルの取り回しに考慮

コンセントの設置位置が低いとコントロールボックスを踏みつけたりするなど、故障の原因になるので、高さ1m以上に設置する。また、長さ5mの標準装備の充電ケーブルが無理なく届く位置がベスト

家電のプロ直伝!

太陽光発電を設置して停電に備える

太陽光発電はもっとも取り入れやすい創エネ家電です。東京都では、2025年4月から設置が義務化されるなど、その重要度は増しています。家庭用の太陽光発電が導入され始めた当初は、売電による金銭面のメリットが取り上げられることが多かったものの、近年は環境への負荷の軽減や、停電時の備えとしてのニーズが高まっています。安価な設備ではないので、導入するメリットや設置のポイントをしっかり把握しておくことが大切です。

進化家電の日常

rule 1

停電時は太陽光発電で自給自足

固定価格買取制度によって、10 年間、電力会社に一定の価格（例: 2023 年度の設置で 16 円／ 1kW）で、太陽光発電により余った電力を買い取ってもらえます。しかし、売電価格は毎年下がり続けています[下表]。初期費用などを考慮すると、金銭面でのメリットはあまりませんが、異常気象による自然災害が増加している昨今、停電時のエネルギー確保という大きなメリットがあります。災害時に役立つ設置のポイントを押さえておきましょう。

○ 太陽光発電設置のポイント

効率よく光を受ける角度で設置

太陽光パネルの設置角度は 20 ～ 30°、方角は真南が最適。光を受ける方位に高い建物・高木・電柱がないか必ず確認すること

蓄電・送電設備と連携させる

太陽光発電を備えていれば、停電時、地域内の送電が遮断された場合でも蓄電・省エネ設備を利用して一定期間は電力を自給自足できる。特にオール電化住宅の場合は、停電時には給湯もできなくなるので積極的な導入を検討したい

停電時には運転を切り替える

停電時には「自立運転モード」への切り替えを施主が手動で行わなければならない。また、蓄電池 1 台につき、同時に使えるのは最大 1,500kW まで

○ 売電価格の推移

年度	売電価格（10kW 未満）
2017 年	28 ～ 30 円
2018 年	26 ～ 28 円
2019 年	24 ～ 26 円
2020 年	21 円
2021 年	19 円
2022 年	17 円
2023 年	16 円

資源エネルギー庁ホームページより

出力 10kW 未満の住宅用太陽光発電の買取価格は、設置した年度によって 10 年間固定される。11 年目からは各家庭で再契約先を検討することになるが、買取価格は年々下落傾向にあり、金銭面以外のメリットにも目を向けたい

rule 2

太陽光発電は蓄電池やエネファームと一緒に導入が◎

太陽光発電を導入するならば、家庭用の蓄電池や燃料電池（エネファーム）を組み合わせるのが理想的です。余剰電力を蓄えて置けるので、停電時に使用できるエネルギー量が増えます。また、余剰分を売ることで、初期費用にかかったコストをより早く回収できます。ただし、蓄電池の設定によっては売電価格の単価は下がってしまうので注意※1。

○ 屋内用蓄電池の寸法目安と注意点

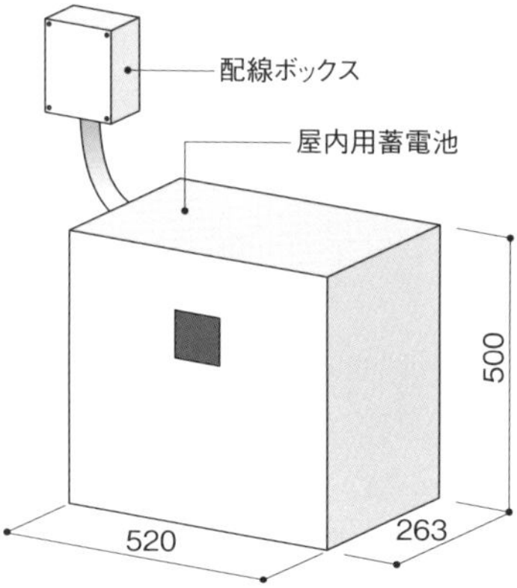

寒すぎる部屋や寝室は避ける

屋内用ならば寒冷地や塩害地域でも使用可能。ただし、開口部付近や0°C以下になる部屋には置けない。動作音を気にする人もいるため、寝室などの静音が必要になる場所への設置は避ける

手軽なのは特定負荷型

停電時に家全体に電気を供給する「全負荷型」と、停電時に電気を使用する箇所を選定する「特定負荷型」がある。特定負荷型はコンパクトで低コストだが、オール電化の場合は全負荷型が安心

○ 屋内に設置できる住宅用蓄電池の一例

品名	サイズ（W×H×D㎜）	蓄電容量
エネレッツァ EGS-LM0500（京セラ）	485×562×280	5.0kWh
マルチ蓄電プラットフォーム KPBP-A-PKG-MM3（オムロン）	490×847×147	6.5kWh
トライブリッド蓄電システム ESS-T3M1（ニチコン）	540×418×230	7.4kWh
クラウド蓄電池システム JH-WBPDB650（シャープ）	560×320×575	6.5kWh
Powerwall（テスラ）	1,150×753×147	13.5kWh

※1　通常、売電を行っている状態で蓄電池から放電をすると電力の転売とみなされ売電価格が下がってしまう（通称、「ダブル発電」）。最近の機種は売電中に蓄電池から放電しないように設定できる。ダブル発電にならないため、太陽光発電のみの場合と同じ買取価格が適用される

暮らしをワンランクアップ！

家電設置のよくあるトラブルを防ぐ

家電の進化は留まることを知りません。家を建てるときにも、最新の家電情報に気を配りたいものです。特に「家電の設置時に見落としがちなのは放熱問題」（家電製品協会談）。冷蔵庫やエアコン、炊飯器などの放熱用の隙間をとっていないために、故障などのトラブルを招くことが少なくありません。また、どんなに便利な家電でも、人によっては不便・不快に感じることもあることを忘れてはいけません。

冷蔵庫は放熱スペースを忘れずに

放熱スペースがないと冷蔵庫の中身が温まってしまう。上部に50㎜以上、左右に5㎜以上の余裕をもたせる※2。放熱スペースを適切に確保することで、電気代の節約にもつながる。また、扉と壁の位置関係にも注意。設置場所を事前に確認しておかないと、90°以上開けなくなることも

※2 エアコンも放熱スペース確保のため、上部を50㎜以上は空けておきたい

炊飯器は蒸気に注意

炊飯器の上部に収納などがある場合、上部にスペースがないと炊飯器の蒸気で天板が傷んでしまうばかりか、故障の原因にもなる。フタが完全に開く分の高さを目安にするとよい。最近は蒸気の出ないタイプもあるので、そのようなタイプを選ぶのも一手

室内カメラの設置は慎重に

室内カメラの設置はトラブルになりやすい。高齢者や子どもを見守るために、という善意で導入されることが多いが、監視されているようでストレスを感じる人もいる。家電で家族を見守りたい場合は、使用したらお知らせのくるポットくらいから始めてみるのが◎

住宅購入後のメンテナンスに備えた貯蓄を

住宅を購入した場合、住宅ローンを返し終わった後も住宅の経年劣化に備え、「修繕費用」が必要になります。メンテナンスの必要性について正しく理解しておきましょう。また、一度住宅ローンを組んでしまったら、その後、見直す人はほとんどいません。住宅ローンを組み直すにしても、手数料などを考えるとメリットがあることのほうが少ないのです[※1]。住宅購入を検討する際には、先を見据えた資金計画と最適な住宅ローンの選定が欠かせません。

※１優遇金利(契約時固定金利)の利率が高いときに契約しているローンがあれば、組み直しを検討したほうが得な場合も稀にある

維持保全が必要な箇所を知っておく

家には月日とともに経年劣化が生じる。「教育費」「老後資金」などを考えるうえでも、新築時には修繕が必要となる内容、金額、時期を設計者に確認しておきたい

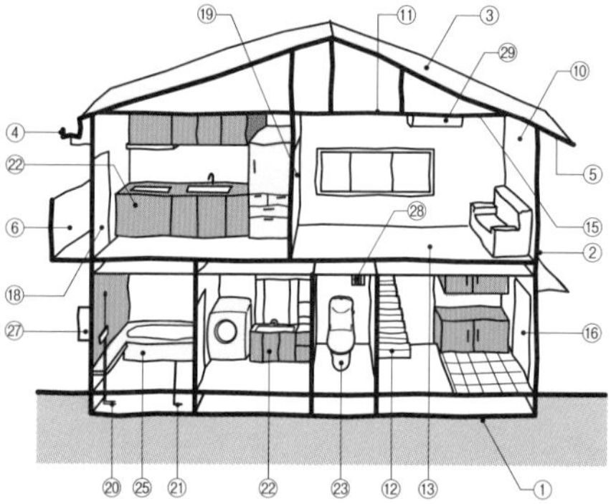

屋外	①布基礎・基礎ぐい建具	躯体	⑪天井、小屋組	設備	㉑排水管、トラップ
	②外壁		⑫階段		㉒キッチンシンク、洗面設備
	③屋根	内装	⑬床仕上げ		㉓トイレ
	④雨どい		⑭壁仕上げ		㉔浄化槽
	⑤軒裏		⑮天井仕上げ		㉕浴室
	⑥バルコニー	建具	⑯玄関建具・窓		㉖ガス管
躯体	⑦土台、床組み		⑰雨戸・網戸		㉗給湯器
	⑧柱、梁等の横架材		⑱窓枠、戸袋等の木部		㉘換気設備
	⑨筋かい等の斜材		⑲内部建具		㉙電気設備
	⑩壁（室内側）	設備	⑳給水管、水栓器具		㉚そのほか

（監修：淡河範明）

暮らしをワンランクアップ!

中古物件の購入は特に長期の修繕計画が重要になる

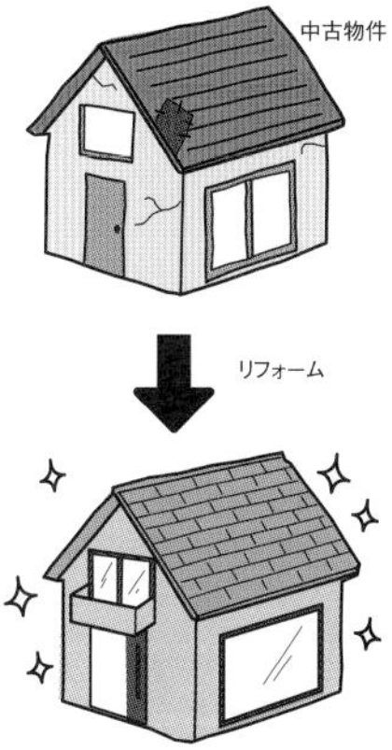

中古物件を購入する際は「耐震性能」「断熱性能」が確保できているかを確認する。そのうえで、新築と同じく修繕計画（修理にいつ、いくらかかるか）を知ったうえで、購入を検討したい。新築に比べ購入費用は安く済んだとしても、修繕費用によっては新築よりもトータルでかかる費用が多い可能性もあるので注意したい。中古物件を購入しリフォームする場合の資金調達方法は主に3つ［下表］

住宅ローン	物件の購入用に住宅ローンを組み、リフォーム費用は手持ちの現金で支払う方法。リフォーム費用が小額の場合、もしくは手持ちの資金が十分にある場合はこの方法がお勧め
住宅ローン＋リフォームローン	物件の購入用に住宅ローンを組み、リフォーム資金としてさらに「リフォームローン」を組む方法。リフォームローンには銀行系のものと、クレジット会社系のものがあるリフォームローンの金利は高いため、借入金額が100～500万円と少ない場合がある
リフォーム用パッケージ型ローン	物件の購入とリフォーム工事に必要な資金を1回の手続きで借りられる方法。フラット35Sの条件に適合させる場合は「フラット35リノベ」がお勧め

分譲マンションも専有部の修繕費用が必要

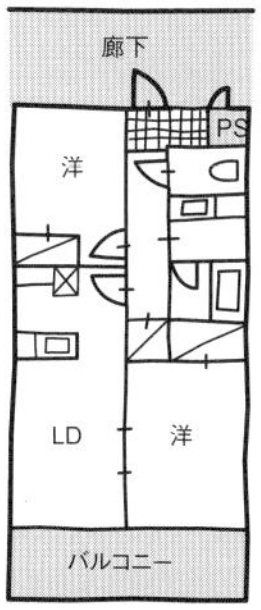

共用部
（ほか、EVやエントランスなど）

分譲マンションの場合、修繕費は自動的に積み立てされている。しかし、あくまで共用部の修繕費用の積み立てなので、専有部の修繕は別途積み立てが必要となる

頭金は無理をしすぎない

住宅資金において「頭金は3割」とよくいうが、頭金の払い過ぎで手元にお金がなくなり、子どもの進学や留学を諦めさせる、という事態は避けたいもの。頭金を払いすぎず、手元に資金をできるだけ残し、老後への目標資金を貯めるという考え方もある。貯金をできるだけ手元に残すことで、「ファイナンシャルフリーダム」（経済的自由）が得られ、お金にとらわれない生活ができる

1章

洗濯のプロ

中村祐一

［なかむら・ゆういち］ 洗濯家
1984年長野県生まれ。「洗濯王子」の愛称で活躍中の洗濯のプロ。家業のクリーニング店「芳洗舎」の3代目。多くの人の洗濯は「洗濯風」に陥っていると説き、日本の家庭に真の「洗濯」を伝えている。全国放送のテレビ出演をはじめ、現在は各種メディアで洗濯を「よりキレイに、より楽しく、より簡単に」するための活動を展開している。インターネットを通じた啓蒙活動のほか、講演も多数。著書に『洗濯王子に教わるおうちで快適クリーニング！』（主婦と生活社）、『おうちで簡単洗濯上手』（大泉書店）など多数

収納のプロ

吉本とも子

［よしもと・ともこ］ ウエイブフロント・インテリアデザイン事務所、レジデンンシャルオーガナイザー
兵庫県生まれ。短期大学の生活科学科卒業後、照明器具メーカーに住宅の照明設計プランナーとして入社。1986年インテリアコーディネーター専門スクール卒業、'88年事務所設立、2010年一般社団法人日本ライフオーガナイザー協会理事就任。著書に『収納家具いらずの片付け図解百科』（主婦と生活社）

掃除のプロ

ミッシェル・ホームサービス
家事代行会社

2006年に設立された家事代行会社の大手。東京、神奈川、名古屋、大阪など首都圏を中心に、年間約5万件のサービス実績を誇る。「ハウスキーピングから〝ライフ〟キーピングへ」を企業理念に、家事を通して心地よい人生をサポートすべく、各種家事サービスを提供

革靴のプロ

山口千尋

［やまぐち・ちひろ］ 靴職人
1960年大阪生まれ。'87年にロンドン芸術大学で靴を学ぶ。ロイヤル・ソサエティ・オブ・アカデミー賞を受賞。'91年に英国ギルドオブマスタークラフツメンの資格を取得。'96年ギルド・オブ・クラフツ設立。'99年靴学院サルワ校。日本ビスポーク靴の第一人者。監修書籍に『製靴書』（誠文堂新光社）がある

2章

炊事のプロ

岸本恵理子

［きしもと・えりこ］ 出張料理人
1972年愛媛県生まれ。大学卒業後、週末は料理やお菓子づくりに没頭した広告代理店勤務を経て、イタリアにて約3年各地方料理を学ぶ。帰国後、あの場所で食べたあの感動を、場所を問わず誰かに伝えられたらと思い、出張料理人を始める。各地方のイタリア伝統料理のほか、独自のフィルターを介した多国籍料理を展開。個人宅への出張料理、旅での味覚にかかわる記憶を反映したメニュー開発、メディアでのフードコーディネート、ワインイベントにおける通訳など、海の家での即席料理から映像のなかの料理まで、幅広い活動をしている

山本千織

［やまもと・ちおり］ 料理人
北海道生まれ。2011年に東京の代々木上原で、弁当店「chioben」開店。色鮮やかなスタイリング、意外性のある見た目と味の美味しさが評判となる。雑誌やテレビの撮影現場の弁当や、スタジオでの料理ケータリング、パーティーやレセプションのケータリングなど活動の場を広げている

お酒のプロ

岸 久

［きし・ひさし］ ㈳日本バーテンダー協会関東地区本部常任幹事長、銀座社交料飲協議会理事
1965年東京都生まれ。大学時代のアルバイトを通じてバーテンダーの世界に入る。数々のコンテストで優勝し、'96年には「IBA・世界カクテルコンクール」の難関といわれるロングドリンク部門で日本人初のチャンピオンとなる。2000年12月銀座に「スタア・バー」を開店

入浴のプロ

早坂信哉

［はやさか・しんや］ 東京都市大学人間科学部教授
1968年生まれ、宮城県出身。'93年自治医科大卒、地域医療に従事後、2002年同大学院修了、博士（医学）。浜松医大准教授、大東文化大学教授などを経て現職。温泉療法専門医、福祉住環境コーディネーター。専門は温泉・入浴医学、在宅医療

介護のプロ

三好春樹

［みよし・はるき］生活とリハビリ研究所
1950年広島県生まれ。'74年から特別養護老人ホームで介護職員として働く。その後、文部省大学入学資格検定を経て、九州リハビリテーション大学校で学び、理学療法士として老人介護の現場で高齢者リハビリテーションに従事する。'85年に事務所を立ち上げ、生活リハビリ講座を開始。その後事務所を東京に移転し、生活とリハビリ研究所と銘打ち、介護にあたる人たちに人間性を重視した老人介護のあり方を伝えている

トイレのプロ

加藤篤

［かとう・あつし］特定非営利活動法人日本トイレ研究所
1972年愛知県生まれ。まちづくりのシンクタンクを経て、現在、日本トイレ研究所代表理事。行政や企業との共同プロジェクトなどを実施

車のプロ

廣部剛司

［ひろべ・たけし］廣部剛司建築研究所
1968年神奈川県生まれ。'91年に日本大学理工学部を卒業後、芦原建築設計研究所に入所。7年間の勤務後、8カ月にわたり世界の名建築を訪ね歩く。帰国後の'99年、廣部剛司建築設計室を設立。2009年 ㈱廣部剛司建築研究所に改組。現在、日本大学理工学部講師。著書『サイドウェイ　建築への旅』（TOTO出版）『世界の美しい住宅』（エクスナレッジ）、『日本の住宅をデザインする方法2』（共著、エクスナレッジ）。1974年式のアルファロメオ・スパイダーを20年以上維持している

お金のプロ

淡河範明

［おごう・のりあき］ホームローンドクター
1965年東京都生まれ。早稲田大学政治経済学部卒業後、日本興業銀行に入行。2000年に米国系証券会社に転職。'06年に住宅ローンのコンサルティング業務を専門で行うホームローンドクターを設立。現在、同社代表取締役。著書に『ウサギのローン、カメのローン』『住宅ローンを賢く借りて無理なく返す2の方法』（エクスナレッジ）など

観葉植物のプロ

TRANSHIP

［トランシップ］
大型の観葉植物から小さな多肉植物まで、樹形にこだわった植物を取り揃える。オリジナルのポットは、さまざまな空間に合わせやすいこだわりのデザイン。毎週末、金土日のみ店頭営業。オンラインショップは新入荷商品を毎週アップ。東急目黒線「武蔵小山駅」から徒歩3分。入り口はグリーンウォールで緑化され、シンボルツリーのオリーブの巨木が目印。2017年リニューアルオープン

写真のプロ

ヤノミサエ

フォトスタイリスト
1974年大阪府生まれ。'96年大阪ファッションアート専門学校デザイン学科卒業。企画・デザイン・バイヤー業務などを経て、2011年フォトスタイリストとして独立。講師、暮らしの提案、企業へのコラム提供などを手がけている。著書に『猫がよろこぶインテリア』（タツミムック）がある

3章

家事・子育てのプロ

辰巳渚

［たつみ・なぎさ］文筆家、生活哲学家
1965-2018年。お茶の水女子大学文教育学部卒業、星槎大学教育学研究科修了。卒業後は「月刊アクロス」（パルコ出版）記者、筑摩書房書籍編集者を経て、フリーのマーケティングプランナー、ライターとして独立。家事塾の主宰ほか、生活哲学学会代表理事、家事塾代表理事を務め、人材育成・次世代育成にも注力した。著書は『「捨てる！」技術』（宝島社新書）など多数

教育のプロ

三浦直樹

［みうら・なおき］みなみまごめ保育園
1969年東京都生まれ。'93年明治大学理工学部部建築学科卒業後、大林組設計本部勤務。2013年社会福祉法人わかば そらのいえ保育園を開所、2020年より、みなみまごめ保育園開所。東京モンテッソーリ教育研究所付属教員養成コースで指導にあたる

暮らしに役立つ
洗濯、収納、掃除、炊事、
子育て、介護のアイデア帖

2023年3月2日　初版第1刷発行

発行者 澤井聖一

発行所 株式会社エクスナレッジ
〒106-0032 東京都港区六本木7-2-26
https://www.xknowledge.co.jp/

問合せ先
編集 Tel：03-3403-1381 ／ Fax：03-3403-0582
info@xknowledge.co.jp

販売 Tel：03-3403-1321 ／ Fax：03-3403-1829